壹棉壹世界

— 7000年的棉与人 —

刘 甜
舒黎明 ○ 著

海天出版社（中国·深圳）

图书在版编目（CIP）数据

壹棉壹世界 ：7000年的棉与人 / 刘甜，舒黎明著. —
深圳 ：海天出版社，2018.8
ISBN 978-7-5507-2450-1

Ⅰ．①壹… Ⅱ．①刘… ②舒… Ⅲ．①棉花－作物经
济－经济史－世界②棉纺织工业－工业史－世界 Ⅳ.
①F316.12②F416.81

中国版本图书馆CIP数据核字(2018)第149099号

壹棉壹世界：7000年的棉与人
YI MIAN YI SHIJIE：7000 NIAN DE MIAN YU REN

出 品 人	聂雄前
总 顾 问	李建全
责任编辑	许全军　南　芳　童　芳
责任校对	万妮霞　熊　星
责任技编	梁立新
装帧设计	知行格致

出版发行　海天出版社
地　　址　深圳市彩田南路海天综合大厦（518033）
网　　址　www.htph.com.cn
订购电话　0755-83460397（批发）　83460239（邮购）
设计制作　深圳市知行格致文化传播有限公司　Tel：0755-83464427
印　　刷　深圳市新联美术印刷有限公司
开　　本　787mm×1092mm　1/16
印　　张　18.5
字　　数　229千
版　　次　2018年8月第1版
印　　次　2018年8月第1次
印　　数　1—60000册
定　　价　58.00元

棉·自然·人

在广袤的黄沙戈壁之上，棉，像水一样，默默滋润着土地。

人们通过棉，与恶劣的环境建立了联系，

让辛劳的付出，有了收获的可能。

使绝望的沙漠，有了新生的希望。

棉与人，自然的平衡之道。

Purcotton

全棉时代

Purcotton 全棉时代携手上田義彦先生追寻生命之光

一切从爱开始

全棉时代联合日本著名摄影大师上田義彦先生

历时三个季度

记录棉花全生命周期

棉的纯洁、坚韧、顽强，被镜头一一记录

全棉时代，与您分享棉的故事

致敬棉·自然·人

一切从爱开始。我们远涉 3500 公里，追寻棉的一生。北纬 44° 的新疆石河子，沙质土壤的黄充斥着劳动者的生活。如果不继续种植作物，这片土地，终将被风沙侵蚀，成为毫无生机的沙漠。种植、收获，沙丘变绿洲，是棉拯救了这片土地，让人与自然建立亲密的联系。

《新疆沙漠，8 级沙暴，棉，无惧严寒，向上而生》　　上田義彦先生作品

　　棉，像水一样，平静、纯洁，索取极少。在新疆广袤的戈壁滩上，劳动者在开荒，开荒的形式，极其原始，通过人力将大石头搬走，留下砂石过半的土壤。所以，新疆的棉，是从石头里长出来的。棉，是至善之物，趋万物之所恶，不争，不抢，只需极少的水分，就还以人们生之希望。

《酷暑之下，戈壁之上，棉，生机绽放》　　上田義彦先生作品

　　棉花的采摘，是最累的工作，却最为欢乐。为保证棉花的品质，人们身着帽兜、花兜、布袋，收获着自然的馈赠。几户人家共同耕耘着万余亩棉田，全家共同劳作的画面，在余晖下熠熠生辉。一望无际的棉田中，不时会传出一两句歌声，短暂的合唱、欢笑，与无声的劳作，交叠呈现。

《唱吧，跳吧，棉，又是丰收》　　上田義彦先生作品

棉与人彼此成就

王鲁湘

著名文化学者

　　孔子以前的华夏远古圣人，都是各种文明的肇创者，伏羲氏、神农氏、轩辕氏，还有后稷，莫不如此。其中有位女性，据说是轩辕黄帝的夫人嫘祖，发明了养蚕缫丝织锦，"衣被天下"，是一位至今仍享受后人烟火祭祀的女圣人。

　　"衣被天下"是一件与"树艺五谷"和"尝百草"同样伟大的功德。因为，人这种动物天生有缺陷，毛发稀少，细皮嫩肉，古人称之为"裸虫"。所以，需要有体外的物资来遮蔽和防护身体。自有人类以来，遮蔽过人类身体的物资，有树叶、兽皮、兽毛、麻、葛、丝、棉，进入20世纪，有了化学纤维。从1995年起，合成的化学纤维在纺织纤维中的比例开始超过天然纤维。

　　考察这些物资轮番"衣被"人类身体的历史，组成了极其精彩的文明史的华章。可以说，缺失了由"纟"旁、"帛"旁、"皮"旁、"毛"旁组成的汉字，中国历史就不知道如何记录和书写了，离开了麻、葛、丝绸，中国诗歌也要失去太多色彩和韵味，比如我最喜欢的两句诗："粗缯大布裹生涯，腹有诗书气自华"，自问世以来就鼓舞过不知多少与我类似的寒士读书上进。

　　包括我在内的多数国人，对于麻、葛、丝绸同中华文明的密切而深厚的关系是了解的，甚至引以为自豪；但对于棉花这种植物，以及由它的绒毛纺织成的棉布同中华文明的关系，知之就甚少了。这是不应该的。因为，哪怕我们对麻、葛，尤其是丝绸"衣被"华夏和天下的历史了如指掌，如果不了解棉花和棉纺织业的情况，我们对中华文明的了解也是残缺的，特别是对于明清以来的中国历史，对于500年"全球化"的进程，对于近代中国与世界尤其是与西方列强的历史互动，就会关上一扇透视的窗口，既看不真切，也丢失一把钥匙。

在"衣被天下"的所有物资中，为什么结实的麻、葛，华丽的丝绸，最终没有引发"天下"格局的改变和历史进程的飞跃？为什么朴素洁白的棉花，会疯狂地种遍地球上一切可能种植的土地？在7000年的时间里，从南亚的印度河流域，到东亚的长江、黄河流域，再到中亚的高原；从非洲再到美洲、大洋洲，棉花的老祖宗们虽然是多中心起源，广泛分布，但棉花的大面积种植却并非只是一个单纯的经济行为，其间牵扯到异常深刻复杂的地缘政治游戏、国与国的明争暗斗。更奇特的是，在隔着浩瀚海洋的各大洲，人类几乎是在某个时间点上同时自动点亮了智慧的明灯，发明了纺织的技能；这种技能同天赐棉花的结合，又会在某一个不可预见的时间点上，在大航海时代来临时，于波涛汹涌的海路上埋下"天下"大变局的草蛇灰线，并最终牵扯出人类文明的大变革，把世界历史推入工业革命的伟大序幕，并一举颠覆东西方的实力地位。

当哥伦布的船队到达美洲一个叫巴哈马群岛的地方时，当地土著人"把棉线团赠送给我们做礼品"——哥伦布在他的航海日志中记录了这件奇怪的事。他无法想到，短短一两百年内，这片土地将会因为这些棉线，沦为大规模黑奴转卖的中转站。直到几百年后，才有一位法国作家埃利克·奥森纳总结道：人类历史上第一次全球化是围绕棉花的种植、采摘、纺纱、织布自动形成的。

这是很奇怪的。因为，第一次全球化是从大航海开始的，由欧洲人发动，而且刚开始与棉花无关。更有意思的是，如此美好和适宜人居的欧洲，恰恰是地球上不能种植棉花的地区。所以欧洲人主要是靠动物的毛皮和毛织品"衣被"着进化的。大约在古罗马时代，通过著名的"丝绸之路"，从中国输入的华丽的丝绸成为贵族和有钱人的奢侈品。直到 15 世纪末，欧洲航海者绕过好望角到达印度，在南亚次大陆看到大片种植的雪白的棉花田和形形色色漂亮、舒适的棉布——意想不到的历史进程在这里打开了一扇门，一直是欧洲"灰姑娘"的英国，竟从此驶上历史快车道。印度这块殖民地所生产的棉花和棉布，成为伊丽莎白一世治下的英国源源不断的财富。当然，以吝啬出名的伊丽莎白一世完全想不到，她会穿着棉布的华服把英国带进"黄金时代"，让大英帝国踩在棉花的肩上成为"日不落帝国"。

为什么自有棉花 7000 年来，与棉花棉布完全无缘的英国，会因为驱动棉花的财富而成为掌控世界的超级帝国呢？

起因竟然是吝啬的伊丽莎白一世偏偏有一个唯一奢侈的爱好，而且是疯狂的偏执爱好：好华服珠宝。伦敦专门有一座宫殿储存她 1326 件衣服。热爱华服的伊丽莎白一世带动了一个国家对华服的追求，而大量平民女性能买得起的既漂亮舒适又时尚便宜的衣料，就是印度产的棉布。接下来的故事，可以由包含了击败西班牙无敌舰队、珍妮纺织机的发明、水力织布机的出现、瓦特蒸汽机用于棉布生产等一系列大事件所组成。围绕棉花，英国全民创新，万众创业，技术发明井喷，人人都想开纺纱厂，一座一座高大的厂房在英伦三岛平静的河流边耸立，成千上万的人成为纺纱厂和织布厂的工人。英国生产的棉布销往全世界。当他们听说中国有 4 亿人口时，所有的英国人头脑中都出现一个画面：4 亿颗扎着辫子的华人脑袋上都扣着一顶英国棉布制作的睡帽，哇，光是这笔财富就能撑死英吉利。

这就是当年的"英国梦"，一个白花花的棉花梦。

可是，这个"英国梦"在大清国，受到了以松江布为代表的中国棉布的顽强阻击。

中国和欧洲一样，都不是棉花的原产地。中国的亚洲棉从印度引进，草棉从中亚引进，陆地棉最早来源于北美，而海岛棉可能从埃及引入……所以，南宋以前汉字里没有"棉"这个字。大概到了南宋的时候，中国的边远地区开始引种棉花，到了明代，"其种乃遍布于天下，地无南北皆宜之，人无贫富皆赖之。其利视丝、枲（麻）盖百倍焉。"到了清代，"北至幽燕，南抵楚粤，东游江淮，西极秦陇，足迹所经，无不衣棉之人，无不宜棉之土。"到了 18 世纪，英国东印度公司唯一能卖给中国的大宗商品，就是印度的棉花。这些棉花在中国纺织成棉布后，又卖回欧洲。同当时中国出口到欧美的丝绸、茶叶、瓷器一样，中国棉布在欧美市场相当受欢迎。尤其是以松江府为中心的长江三角洲地区各镇出产的手织棕色或紫色土棉布，被欧洲人称为"南京布"，"上身南京布，下身绸缎裤"，是当时欧洲时尚人士的潮流打扮。

一直到 19 世纪初，英国生产的棉布始终打不进中国市场，而中国长江下游生产的优质棉布却畅销欧洲，于是，英国棉布逐渐退出中国市场，巨大的贸易逆差交给鸦片这一罪恶的商品来弥补，最终导致清政府禁烟、鸦片战争爆发、中英签订《南京条约》。中国和西方形势逆转，中国靠劳动密集型产业形态生产的优质手工棉布防线，在英国机器工业生产的机织布面前土崩瓦解。

但是，中国的有识之士已经认识到，从棉花的大面积种植到棉纺织工业体系的建立，是中国走向国强民富的必由之路，而且是一条捷径。中国人的聪明才智和心灵手巧，加上自南宋以来积累数百年的丰富经验，和长江下游优越的水网交通条件，与熟练的棉农和棉纺织工人的大量存在，可以让中国从逆境中绝地反击，于是，中国民间资本吹响"集结号"，以上海为龙头的一串江南小镇迅速形成梯级产业组团。一时间，机杼之家，相沿比业；运河百镇，因棉兴市。一大批近现代纺织工厂星罗棋布于长三角城镇集群，并烘托出上海这座开埠才数十年的城市成为东方明珠。上海人民没有忘记棉花带来的恩惠，在1929年市民投票选出棉花为上海市的市花，此前，棉花并未列入候选名单。这真是一个令人欣慰和感慨的故事。

与人类共存共舞共荣的棉花，真的是天地赐予人类的尤物。从对文明的贡献而言，从对历史的驱动而言，从对人类的温情而言，从对大地的滋润而言，从对天空的洁净而言，从可持续、可再生、可循环的发展而言，棉花全株——从花到籽到秆，都是无与伦比的。

使用棉花，多用棉花，全用棉花——这大概是我们这个危机四伏的时代，人类所能做出的最有温度的行动了。

棉花与我们生活的秘辛

朱学东

资深媒体人

每次坐飞机，透过舷窗看到天空中飘浮的厚厚的白云，我总在脑子里幼稚地默念："跟摘在大匾里的棉花一样，真想跳上去。"大匾里的棉花，是我小时候在故乡看到摘下堆放的棉花的记忆。

棉花是我熟悉而陌生的朋友。

说熟悉，它与我们的日常生活紧密相关，而且越来越重要，我喜欢棉织品。说陌生，虽说故乡乃是纺织重镇，除了小时候在故乡见过栽种的棉花之外，我更多只是在文字和影视里见过它，感受它带给世人的辉煌，以及苦难。虽然今天它依然与我们的生活相关，但我的亲友，无论是生活在农村还是城市，他们和我一样，都只是棉花最终产品的消费者，而对其历史，几乎一无所知。

我没有去过新疆，无缘得见广袤原野上"盛开"的白云般的棉花。但我小时候，故乡尚有小面积栽种，所以，我算是见过真正栽种的棉花的人，而不只是见过从供销社买回来做被子的成品棉花。

"你们老家怎么会种棉花？棉花不是在新疆及北方地区才种么？"许多人很惊讶，我那江南鱼米之乡竟然也会种棉花。其实，这是一种误解，这个误解我也曾有过——我虽然亲眼见过，也偷偷下过棉田——直到我上中学历史课，才知道宋末元初松江有黄道婆，这是江南栽种棉花并形成产业的重要佐证。及长读历史，知道故乡与棉花的关系比原来所知的更密切，明清时期，江南八府纺织业最是兴旺发达。

其实故乡方志对于棉花的种植，久有记载。据《咸淳毗陵志》[宋咸淳四年（1268）]，常州本州四县晋陵、武进、无锡、宜兴，夏租上供绵旧额以十万三千九十三两三钱，本州准衣绵四千一百七十两。到明初，战乱之后，据《毗陵续志》，明洪武十年（1377），常州府所隶武进、无锡、宜兴、江阴四县，夏税木棉花九百四十六斤；《明永乐常州府志》载，永乐元年（1403），武进县夏税木棉花二百五十六斤，江阴县夏税棉花六百九十斤……

没有大规模的种植，是不可能有如此税贡的。

虽说"苏湖熟，天下足"，稻花香里说丰年的江南，到明正德年间（1506—1521），"田家收获，输官偿息外，未卒岁，室庐已空。其衣食全赖此"。（正德《松江府志》）赖什么？纺织业。棉花栽种和交易，是故乡丝麻之外纺织业的重要基础，"其民独托命于木棉"。清人邵长蘅曾有诗记录苏州风情："西乡大养蚕，东乡种棉花。养蚕姊条桑，种花妹纺车。"（转引自巫仁恕的《奢侈的女人》，商务印书馆）

"民间男子多好游闲，不事生业，其女子多勤苦织纤……终岁生资悉仰给于织作。"康熙年间（1662—1722）的《上海县志》有这样的话。正是因为棉花和棉纺织业的兴起，明清时期江南八府诸镇，妇女真正顶起了半边天，不仅改善了家庭生活，也让江南成为传统社会经济最繁华开放的地方。

但是，正如魏斐德在《中华帝制的衰落》一书中写的："尽管棉纺织业如此广泛，但是并未获得技术上的进步。中国没有成功地发明萨克森羊毛纺车或飞梭，或许是因为生产资料有限，而劳动力富余，这意味着缺乏为节约劳动力而提高织布技术的动力。"

在故乡，到我小时候，已经再也不见大规模栽种的棉花了；我小时候故乡还兴盛的蚕桑业，也在极短的时间内消失了。

虽然故乡历史上棉纺织业如此发达，但我小时候，家里人做新棉衣可是绝对的大事。每年冬天，被冻得眼泪和鼻涕直流、手脚生冻疮的我们，多么渴望有御寒的新棉衣、新棉被啊。但是，那个年代，买布和棉花都要票，且定额。做新棉衣、棉被，要熬好多年。如果村里来了弹棉花的（通常是浙江人），就像盛大的节日，全村的小孩都会去围观，看弹棉花的人背着沉重的弹弓机，用木鼓槌敲着弦，弦在棉花上掠过，原来陈旧结块的棉花，弹完之后就蓬松像新的……

而像我这样的小孩，也会提高"革命"警惕性，观察这个弹棉花的是不是"蒋帮特务"——那个时候，连环画介绍，一些在浙江沿海登陆的"蒋帮特务"，就有扮成弹棉花的，把发报机安放在弹弓的下部，而有节奏的弹奏弓弦，据说就是在发密码电报。后来稍长，我和童年伙伴聊起来，都会哑然失笑，为自己荒唐幼稚的童年警惕。

从少年时代起，棉花还通过文学作品开始影响我，那也是苦难生活的记录。我至今仍然清晰地记得高中语文课本里收录的夏衍先生的《包身工》里，东洋纱厂"拿摩温"（工头）那句经典的吼叫：

"'芦柴棒'，去烧火！妈的，还躺着，猪猡！"

而另一篇，则是海涅的名诗《西里西亚的纺织工人》：

忧郁的眼里没有眼泪，

他们坐在织机旁，咬牙切齿：

"德意志，我们在织你的尸布，

我们织进去三重的诅咒——

我们织，我们织……"

及上大学，我通过那些美国小说和电影，像《飘》《黑奴吁天录》

等，知道了美国南北战争，棉花其实是一个极其重要的背景要素。

1985 年夏天我考上大学，将要前往北京求学前，父母买了棉花，特别给我做了一床新被子、一床新褥子、一件新军大衣，用的全是新棉花，父母担心北方冬天风大天寒，这衣被做得特别厚实。我在北京求学，后来留在北京工作，每年自己拆洗缝制被褥，一直到我结婚，这套用了差不多十年的被褥，依然完好，依然厚重，以至于我的夫人当年特别吃惊地说，你们家缝这么厚的被褥给你，过了这么长时间都还一样啊！

"慈母手中线，游子身上衣。"除了父母的一片心意之外，我想，当时棉花的质量确实过硬吧。

在我少年时代，的确良曾经红极一时，尤其对年轻人来说。不过，化纤衣饰的流行，随着中国社会的开放发展，很快就成了过去，人们重新爱上了棉织品，纯棉、全棉服饰成为时尚、经典。如今，我们在日常生活中选择衣饰，带有纯棉或全棉标识的产品已经成为主要选择。我小时候在寒冬盼着有一件新棉衣、一床新被子的时候，并没有想到今天我们会如此轻松地拥有自己渴望拥有的纯棉或全棉产品。

这一切，秘密其实都隐藏在 7000 年来棉与人的漫长故事中。

棉花之恋

尤今

新加坡著名作家

在布哈拉的农村里，看着眼前的景象，我喃喃自语："啊啊啊，我是在梦境中吗？"

秋天妩媚的阳光，宛若金色的佳酿，倾泻于广袤的大地上。棉桃全已裂开了，露出了一团团饱满的棉絮，一方面自炫自得地展现了蓬松、清新的丰美姿态，另一方面却又不动声色地展示了内蕴的巨大力量。

无数头裹花巾的乌兹别克斯坦妇女，在高及于膝的棉花树之间，像蝴蝶般活泼地穿梭，采摘棉花。她们手起手落，旋踵，大大的棉袋便装满了洁白无瑕的棉花。

在感觉上，她们采摘的，是一朵朵凝集了阳光香气和大地精华的"云絮"；而这生命力旺盛的"云絮"，多年以来，帮助当地百姓在各个层面上保持了优质的生活。她们以异常自豪的语气告诉我，乌兹别克斯坦老早就进入了"全棉时代"，一般人睡的、盖的、用的、穿的、披的，都是棉织品。我调侃地说："嘿嘿，如果棉花也能吃，恐怕也会成为你们桌上的佳肴啊！"她们笑嘻嘻地说道："我们虽然不吃棉花，可我们吃棉籽油啊，烙饼、烧烤，都用它哩！棉籽油是血管的'清道夫'呢！"

棉，已经深深地"镶嵌"在全民生活里，凡有空气的地方，便有棉的气息。

种植棉花长达 2000 余年的乌兹别克斯坦，素有"白金之国"的美誉。这儿土壤肥沃，平原多，全年阳光丰沛，适合耐旱能力极强的棉花生长。如今，跻身全球第六大产棉国的乌兹别克斯坦，已是大家熟知的"棉花天堂"了。

离开棉花田之后，我到一个百岁老人特别多的村庄游逛，下榻农户。吃过了用棉籽油炒的牛肉抓饭之后，入房就寝。在房间里，我发现上百张轻暖的被子高高地堆放着，这是当地农妇利用棉布和棉絮缝就的。我非常市侩地问道："你们是不是要把这些被子送到集市去卖呀？"农妇笑道："不是啦，客人来此留宿时，我让他们盖上被子睡觉，夏凉冬暖呢！"农妇接着告诉我，乌兹别克斯坦的女子在出嫁前，都必须学会缝制棉被子，这可是陪嫁手艺中非常重要的一种啊！

夜里，舒舒服服地盖着柔软的棉被入眠时，外祖母的脸突然清清楚楚地"跃"了出来。

外祖父在马来西亚北部的山城怡保经商，长袖善舞的他，营造了"金山银山"，让知书识礼的外祖母过上"呼风唤雨"的生活，绫罗绸缎和珠宝首饰穿戴不尽。后来，卷入经济不景气的浪潮里，周转不灵，宣告破产。

该卖的、该典当的，全都卖了、押了，生活渐渐陷入了一无所有的困窘里。外祖母不愿坐以待毙，凭着精湛的手艺，毅然当起了裁缝。她十根灵活的指头是会说话的，在用软尺替顾客量身时，便与顾客很好地做了无声的交流，她所缝制的每一袭衣裳，总能恰如其分地把顾客身材的美好展现出来。

过去，养尊处优的外祖母只穿丝绸和纯棉的布料，她认为这是人间的极品。

　　她把丝绸视为钻石，把棉布看作珍珠。

　　"钻石沾满了采矿者身上的血汗，而丝绸呢，则'蠕动'着成千上万的蚕儿，两者都有着强劲的生命力，因此，佩戴钻石、穿上丝绸，就等于把活泼的生命力揽在身上，那种美啊，是奔放的、澎湃的，让人心旌动荡的。"外祖母气定神闲地说道，"至于棉布呢，就好比莹润柔滑的珍珠——大海里的蚌，历尽艰辛地把沙砾化为浑圆的珍珠；而大地的棉花树呢，千辛万苦地把棉籽孕育为棉花。两者都是自然界的精华。珍珠和棉布，具有含蓄的美，即使是在最亮的地方，反射出来的光依然是极致柔和的，这样的美，是内敛自重的，是经久耐看的。"

　　外祖母当了裁缝之后，坚持选用丝绸和纯棉的布料为顾客裁衣。

　　"丝绸宛如清风，穿上它，走起路来，婀娜多姿，有腾云驾雾的感觉；棉布呢，柔软、保暖、耐热而又透气，穿了，精神抖擞，特别爽利好看。"

　　外祖母的理念被顾客"穿"在身上，结果呢，人人穿出了丝绸的优雅，也穿出了棉布的潇洒。在那个群山环绕的山城里，丝绸和棉布，骄傲地展示了自己卓尔不群的内涵与超尘出世的灵气。

　　外祖母微笑着说：

　　"生活里的某些信念，是必须加以坚持的。"

棉花：一种纤维操控人类 7000 年大历史

我们眼中的棉花，洁白、柔软、舒适、健康、平民化……

然而，在人类历史上，棉花却留下了一系列毫不普通的传说。

有人说，是棉花推动了大航海时代、促使了第一次工业革命的发生。它翻手为云、覆手为雨。它眷顾的时候，英国一个普通工人一脚就能踢出富贵荣华，成就一个帝国称霸世界；它甚至能主宰繁盛了几千年的文明古国里上亿人数百年的安稳繁华。

有人说，是棉花拉开了黑奴从非洲大陆被贩往美洲大陆的序幕。它翻云覆雨，硝化后，一手结束冷兵器时代，开启效率翻倍的热兵器时代。于是人们开始疯狂地利用棉花捞取暴利，不惜牺牲他人利益甚至生命，这些丑恶行为，导致两亿多人丧失了生命。

当然这些都只是"有人说"，说来说去，不过是自己的欲念作祟。而棉花本身总是那么的温柔、那么的虔诚、那么的无私，呵护了人类7000年。假如棉花可以开口，它肯定也很无奈：我区区一种纤维，哪能操纵生死？我只想带给你们人类7000年的温暖。

假如棉花可以开口，也许它更愿意说说跟人类之间那些美丽的瞬间。初见的时候，人们怎么惊喜地称呼它为长在树上的羊毛。它是全世界唯一不需任何加工、自然生长出来的纺织用纤维；独特的多孔与中空结构，可以持续保持8%的含水量——简直满足了人类对衣物的全部想象。

假如棉花可以开口，也许它还会愿意聊聊热门影视剧和过去的故事：电视剧《那年花开月正圆》的女主角周莹，在极其艰难的境况下，正是靠囤积棉花逆袭成了商界大佬；电视剧《衣被天下》里的黄道婆，宋末元初那会儿，还只是个从上海流落到海南岛的苦命女孩，后来靠着对棉纺织技术的潜心钻研成为纺织专家，几十年后她顺利重返家乡，还逆袭为上海的女财神，到现在仍在上海市市中心拥有自己专属的黄道婆祠堂；英国一位牧师家的女儿，也因棉花带来的社会福利飙升，而无须将嫁人当成唯一出路，安心写作，成为堪与莎士比亚平起平坐的著名女作家简·奥斯丁……

跟那些真正品格高贵的人一样，棉花即使可以开口，也绝不会夸耀自己的能量：仅消耗2.6%的农业生产用水、占用3%的耕作面积，却提供了全球36%的纤维；也绝不会夸耀自己的隐忍，如何在寸草不生的盐碱地里默默用铁钉般坚硬的根须开拓出一亩亩良田，令中国新疆的荒漠、美国沙漠地区拉伯克都变得繁华。

沉默是金，然而真金也会被利润的尘土掩埋。近几十年来，棉花受到化纤的巨大冲击，在全球纺织物中的占比大大下降。在中国，棉花产量从 2007 年的 760 万吨一路下滑到了 2016 年的 534.4 万吨，不到十年锐减了 30%。

不过对棉花来说，7000 年间这样的情况总是反复发生，并不稀奇。曾有人嫌它没有丝绸珍贵，于是它变身光亮紧密不褪色的松江布，风沙吹来，稍微抖一抖便崭新如初，价格跟丝绸不相上下；曾有人嫌它没有毛皮结实，后来它用牛仔布告诉人们什么叫结实耐磨又好看，淘金都不怕。不管历史怎么变化，棉花始终陪伴着人类。现代医学诞生后，它又无可替代地成为呵护人类创伤的专用医疗敷料。近年来，医用标准的全棉水刺无纺技术的发明，让棉花再次焕然一新。它不再仅仅是衣料，还可以替代纸巾用来洗脸、卸妆、擦嘴、擦手甚至拖地。

在这个重要的时间节点上，假如棉花可以开口，它也许会做一次充满激情的演讲——《我有一个梦想》：

我有一个梦想，有一天人类使用的所有纸巾都由棉花制成。仅 2014 年，中国生活用纸的消耗就达到 759 万吨，被砍伐的十年生大树达到 1.82 亿棵。十年方能树木，而我们从发芽到结出棉球，却只需要短短几个月。

我有一个梦想，有一天所有的盐碱地都被棉花所覆盖。7000 年来我们曾见证成千上万的物种灭绝，而我们却依然保持着旺盛的生命力。生在寒冷的北方，就变为一年生植物；生在温暖的南方，便成为多年生植物；即使沦落到寸草不生的盐碱地，我们也依然可以生根发芽，让荒漠重新变为绿洲。

我有一个梦想，有一天我们取代化纤重新成为人类最重要的好伙伴。生产化纤造成的环境污染从此一去不复返，河流不再五颜六色，北极熊不再因为冰山融化而忍饥挨饿。

我有一个梦想，有一天连拖地都不再需要清洗拖把，只需要几张棉巾，用完即丢。每个家庭节约几桶水，对地球的水资源来说将是莫大的保护。而被丢弃的我们，最多 3 个月就变为有机肥料，重新滋养大地。

············

作为人类，我们无法听到棉花的心声，也曾一次次忽视它的存在。幸运的是，这位不会开口说话的朋友，已经沉默地陪伴我们走过 7000 年，并将继续陪伴我们走过下一个 7000 年。

超出我们想象的棉花

一、常常颠覆人们想象的棉花

棉花在人们的生活中随处可见，可以说是非常不起眼的纤维，但是看完下面这三个问题，你会发现棉花比我们所想象的更擅长造梦、更有吸引力：

1. 一斤棉花和一斤铁，哪个重？

2. 冰激凌和棉花糖，哪个含棉？

3. 棉花是花吗？

现在我们来看一看这三个问题的答案：

1. 一斤棉花和一斤铁，哪个重？

这是脑筋急转弯里很经典的"坑"。答案很简单，当然一样重。

这个题目有趣的地方在于，即使你明知道一斤棉花和一斤铁重量相同，却还是会下意识地认为：棉花怎么能跟铁相比？！

人们不仅在重量上"看轻"棉花，长久以来棉花在人们心中就是很普通的东西，总是不那么重要。

比如说，1897 年，德国棉花工业产品产值 10 亿马克，比排名其

后的煤矿业高出约 36%，比钢铁业更是高出 45%，人们却只看到德国的煤矿和钢铁，称赞它是一个以严谨的工业制作闻名的伟大国家——没棉花什么事。

再比如说，英国是"踩"在棉花的肩上成为"日不落帝国"的，美国到现在依然是全世界排名第一的棉花出口国，但是大家记住的却总是英国的蒸汽机、火车、莎士比亚，美国的原子弹、飞船、好莱坞——依然看不到棉花。

2. 冰激凌和棉花糖，哪个含棉？

这问题一看就是个陷阱，心生警惕的我们很容易趋向正确的那个答案：冰激凌。

那么，冰激凌里面为什么会有棉花呢？

　　冰激凌里面并不直接含有棉花的纤维。不过棉花的棉籽可以榨油，经过精炼后的棉籽油不饱和脂肪酸含量接近 80%，维生素 E 含量显著高于花生油、菜籽油等主要食用植物油，还具有很好的稳定性和起酥性，能够延长煎炸食品货架期，并且不含对人体有害的反式脂肪酸，是一种非常优秀的天然食用油。许多著名品牌的冰激凌在制作过程中就用棉籽油替代了原本的奶油，配方更为健康。

3. 棉花是花吗？

　　这个问题，会令我们立即联想到干枯的枝茎上白色的棉絮纤维——这种"花"实在很难跟我们心目中娇艳、芬芳的花朵联系起来啊！

　　科学一点解释，我们平时见到的棉花，是棉花的果实，不是棉花的花朵。棉花真正的花朵叫草花，草花很特别，同一株上就能开出乳白色、粉红色、紫红色三种不同颜色的花——其实它们并不是颜色不同，只是同一朵花会变颜色罢了。

　　由于棉花花瓣里含有花青素，而花青素的颜色会随着温度、光照和酸碱度等因素而变化，因此随着花青素的颜色变化，草花上午刚开时是乳白色的，到下午慢慢变成粉红色，到第二天就会由粉红色变成紫红色，不久花就谢了。由于同一株棉花上开花有先有后，所以粗看似乎开出了不同颜色的花。

　　"此花非彼花，红花即白花"，听起来有种佛经偈语的禅意，让人感到深度混乱。事实上关于棉花和花之间的关系还有一些趣闻：

　　唐朝宣宗大中年间（847—859），阿拉伯旅行家苏莱曼来华，就看到花园里种了若干种非洲棉作为观赏植物。看来还真是有人把棉花当花来养的。

　　明代《群芳谱》将棉花和诸多名花并列。

　　清朝著名的"弹幕"皇帝乾隆帝不仅喜欢在各种著名书画作品上题词，还曾经给手下直隶总督方观承编撰的《棉花图》一书题诗，一口气提了16首七言诗，故此书又被称为《御题棉花图》。书中特意提到：棉花的花朵像葵而小，花色有黄有白，红紫色的会结成棉桃。

　　1820年，法国工程师朱美尔在开罗的庭院里种了一棵观赏用的海岛棉，花朵很大，黄色红心，备受人们喜爱。后来他们发现这棉花不但好看，白色纤维还比其他棉花长出来的更长，就以这株棉花为始，孕育出埃及型的海岛棉，成为高品质棉花的代表，现在埃及棉制品妥妥是高端货的代名词。

　　1929年初，棉花以绝对高票被上海市民选为上海市市花。在上海市政府的市花民意调查中，棉花未列入候选名单却以高票居于首位，显示出人们对棉花的情有独钟。

二、那些我们不知道的关于棉花的事

1. 我们心中关于棉花的六个关键词：

洁白、柔软、舒适、健康、环保、经济

2. 历史上关于棉花的惊人评价：

★★★

没有一种其他产品，对世界历史和体制有如此强大而又邪恶的影响；或许也没有其他产品像棉花一样，未来的物质福祉更要依仗它。

——19 世纪中叶

美国马萨诸塞州棉业制造商人爱德华·阿特金森

棉花是工业史上很壮观、无可比拟的东西……分析这个奇观，要比研究战争和朝代嬗替更值得学者去伤脑筋！

——1835 年 英国利兹报纸主编爱德华·拜因

★ ★ ★

棉花大王已经成为最强大的统治者，他深深影响社会环境，甚至完全重新安排它们。

——20 世纪初 棉花业者卡尔·苏普福

★ ★ ★

欧洲的物质繁荣系于棉纱线上。

——1853 年 《不莱梅商报》

★ ★ ★

我们已经远离人类的生和死如同植物一般的时代，命中注定就绑在它们生长地方的那个时代……但是从好奇、野心或喜爱金钱而产生的旅行，就其结果、范围或发挥的影响之重要性而言，没有一个能够比得上这个弱不禁风的灌木单纯的移动——工业已经赋予棉树毛絮移动无数的变幻，犹如我们的想望和欲求那样无穷尽。

——1826 年 《亚洲杂志》

★ ★ ★

黑奴和此地每件事都随着棉花浮动。

——1849 年 英国利物浦商人威廉·罗思本六世到访美国

英国市场（棉花）价格一涨，可怜的奴隶会立刻感受到，因为他们被逼得更紧，皮鞭不断抽打下来。

——1854 年　逃亡黑奴约翰·布朗

★ ★ ★

从国外观点来看，棉花是美国内战的核心问题。

——《笨拙杂志》

★ ★ ★

英国必须要有棉花……因为我们不能允许我国数百万人民灭亡！

——1861 年　英国巴麦尊勋爵

★ ★ ★

棉花工厂不折不扣就是"爱国运动"！

——1881 年　巴西工业协会

★ ★ ★

除了小麦以外，没有其他原生作物如此完全掌握住人类的需求。

——1862 年　伦敦《统计学会刊》

★ ★ ★

棉纺织工业是很宝贵的国家资产，提供许多人就业机会，影响印度人民的繁荣。它的安全和进步必须持续受到印度资本家、劳工领袖、政治人物和经济学家的注意。

——1930 年　印度甘地

纺纱机催生了工厂生产模式以及一个全新的经济秩序。被工厂雇佣不仅意味着工人要放弃他们的家庭纺织活动，也意味着他们要放弃农业生产，并离开农场搬到新的城市区域。为了满足新实业家的需要，金融、保险、交通、通信等必要的商业基础行业得到了迅速的发展。纺织设备、化学品、蒸汽、冶铁以及机械工程等从属产业也应运而生。新的城市人口反过来刺激了食品、饮料、医药以及服装和家庭用品以及零售业的发展。棉纺织业是最早使用有限公司组织结构的制造行业，它进而又形成了上市公司所有制形式的基础。

　　从更大的意义上说，棉纺织品生产的革新催生了世界经济向近代经济的转变，开启了经济史学家罗斯托称之为"起飞"的阶段。

　　——2011 年　皮翠拉·瑞沃莉《一件 T 恤的全球经济之旅》

目 录
CONTENTS

| 第一部分 |

与棉共生：棉花牵动人类历史的 7000 年

第 1 章

棉花与神秘消失的古文明

第 2 章

棉与大航海时代

| 第二部分 |

与棉共舞：棉花牵系人间万物

第1章

近距离观察历史上的棉花

第2章

棉花：大自然送给人类的独特大礼包

第3章

棉花：人类战胜沙漠化、改善盐碱地的战友

| 第三部分 |

与棉共存：棉花牵连人类未来

第1章

棉织品：人类舒适生活的最优选择

第2章

1930 年的隐喻：一丝一线可以"杀天下"

第3章

回归棉制品：人类未来的绝佳选择

与棉共生:
棉花牵动人类历史的 7000 年

说起棉与人的故事，我想从 1492 年讲起。

在东方的中国，明孝宗朱祐樘正在开创着为后人所称道的"弘治中兴"。

有人这样描述古代的中西方差别：一千多年前的夜晚，全世界的城市都是一片漆黑，只有中国的城市灯火辉煌、光明灿烂；一千多年前的夜晚，全世界的城市都是一片安静，只有中国的城市人流涌动、欢歌笑语。

甚至有西方史学家扬言：北宋东京一个看城门的人，其生活状况都要比西方同期任意一个君主强。

当时间来到朱祐樘所统治的明朝，虽然欧洲的灯光已经亮起，但明朝和西方的差别依然异常鲜明。整个明朝占世界经济比重的 45%。而现代"地表最强"的美国在二战后最牛的时候，占世界经济的份额才达到类似高度，且在 1960 年以后占比迅速下滑，到 2015 年已跌至 24.32%。

明朝的这位朱祐樘皇帝一生充满传奇色彩，一出生就被他父亲那位年长近 20 岁的真爱万贵妃下令秘密杀掉，多亏太监和宫女偷偷把他藏起来，用米粉喂大。直到 6 岁那年他父亲才知道他的存在，那时他连胎毛都未曾剃过。

坎坷诡谲的童年令这位皇帝多少有点"惊世骇俗"。他是中国历史

上唯一实行一夫一妻制的皇帝，一生只娶了一位张皇后，从不封贵妃、美人，每天只与皇后同起同居，过着平常百姓一样的夫妻生活——不难推断，他的吃穿用度上必然也很简朴。

据史书记载，朱祐樘刚被立为太子，内侍立刻给他送来用松江布裁制的华服。那大概是他见到父亲后的第二天。从没享受过富贵荣华的朱祐樘却礼貌地拒绝了："用这种布缝制的衣服，抵得上几件锦缎衣服。穿它，太浪费了。"

众所周知，明朝的纺织业十分发达，所谓"买不尽的松江布，收不完的魏塘纱"。当时松江府生产的棉布不仅数量多，而且品种丰富。如果现代人去那时候的松江府走一圈，标布、扣布、稀布、番布、药斑布、中机布、小布、三梭布、龙墩布、云布、飞花布、浆纱布……足以让人眼花缭乱，绝对控制不住买买买的冲动。

其中以三梭布细密如绸，坚实耐用，是公认最上等的棉布。皇帝的御衣就是用三梭布制作的。

三梭布好到什么程度呢？三梭布的价格一度达到每匹二两白银，算成粮食的话约为 3 石（明朝的 1 石大约是现在的 90 公斤）。

刨去其他社会意义，"奢华"本身所代表的，是技艺的精湛和文明的发达。当时，在地球的另一端，欧洲人穿的还多半是羊毛制品，偶尔有少量穿越大洋运来的印度棉织品，由于太过昂贵和珍稀，只能用作装饰品和桌布。

要羊产毛就必须让羊吃草，这就需要更多的土地来放牧。于是，当中国的皇帝朱祐樘以身作则不奢侈浪费时，英国的贵族们则在到处圈地养羊，被讽刺为"羊吃人"。

然而，就在 1492 年，世界悄悄发生了改变。

美国历史学家彭慕兰指出，1800 年是世界格局变化的关键节点，那之后中国和欧洲才在发展道路上发生了"大分流"，欧洲才逐渐超越亚洲成为世界经济的主导力量。

1492 年，正是大分流前暗流涌动之时。

大洋彼岸的西班牙国王给朱祐樘写了一封信——事实上他们并不知道朱祐樘是个什么样的人，反正是写给强大无比的中国皇帝的信就对了。

8月3日，信由一个西班牙羊毛纺织工的儿子带上了船。这位羊毛纺织工的儿子热爱航海冒险，经过好几年的争取，终于获得政府的支持，率领一支小型船队，驶向遥远的未知世界。

他的名字叫哥伦布。

哥伦布的船队在两个多月后到达美洲一个叫巴哈马群岛的地方。他在航海日志中记下这一天，当地人"把棉线团赠送给我们做礼品"。

当时的哥伦布和美洲人都不会想到这一幕所代表的意义。只有永恒的大海能看到：几百年后，围绕这团棉线，美洲的原住民将不断从祖祖辈辈生长的家园中被驱赶；而这块土地上诞生的美利坚合众国，南北双方也将围绕这些棉线展开一场震惊世界的内战。

随后，在古巴靠岸时，哥伦布用诧异的眼光注意到当地人用棉花织成的色彩艳丽的棉织品和棉绒吊床——他们也都不会想到，短短一两百年内，这片土地将会因为这些棉线，沦为大规模的黑奴转卖中转站。

其后在墨西哥、秘鲁、哥伦比亚等地，哥伦布发现当地人穿着的都是棉织品，染着各种颜色的棉线被织出漂亮的花纹和图案，做成各种式样的衣服，此外还有用棉花做成的褥子、软床、绳索、吊网、毡子等。

在巴西，他们发现巴西人把棉布和线团当作钱来使用。

在当时，谁都不知道这些棉线和布料代表着什么，将掀起怎样的惊涛骇浪，如何牵动这世界上每个人的命运。

直到几百年后，才有一位法国作家埃利克·奥森纳总结道：人类历史上第一次全球化是围绕棉花的种植、采摘、纺纱、织布自动形成的……要了解世界化，要了解昔日的世界化和今日的世界化，不如研究一块布片。毋庸置疑，这块布片是靠棉线连成的，也是靠一连串的穿梭访问织成的。

第 1 章
棉花与神秘消失的古文明

一、欧洲人苦难中的幻想：长在树上的"菜羊"

让我们暂且先回到 1492 年。

不论什么时代，人们都会做梦以对抗现实的不如意。像一夜暴富、脱贫脱单之类，是放之四海而皆准的美梦；还有具体到一件称心合意的衣服、一款能够完美遮盖毛孔的粉底液等等，是推之全球女性而无误的梦。

对 1492 年的英国平民来说，他们最迫切的美梦，是一种不需要吃草的羊。

那时候欧洲的毛纺织业兴盛起来，导致羊毛价格猛涨，各国贵族们纷纷投资养羊业。

养羊需要大片的土地来种植牧草。著名的"羊吃人"运动开始了。

众所周知，对于土地的抢夺，一向跟暴力相关。贵族们把租种土地的农民赶走，把他们的房屋拆除，把土地圈占起来。一群受害的农民这样向国王控诉道：

我们的牧场，这些土地是我们世代所拥有的。他（贵族波米尔）把这些牧场和其他土地用篱笆围上，作为自己所有……后来又强行夺取了我们的住宅、田地、家具和果园。有些房屋被拆毁，有些甚至被他派人放火烧掉。我们被强行驱逐出来。如果有谁不愿意，波米尔就率领打手包围他的家。这些人手持刀剑、木棒，气势汹汹，凶猛地打破他家的大门，毫不顾忌他的妻子儿女的号哭……为了圈占我们的土地，不惜将我们投入监狱、毒打、致残甚至杀害，我们连生命都难保全！

被寄予全部厚望的英国国王则是这样回应的：一方面打了贵族"五十大板"，颁布限制圈地法令，另一方面却打了受害者"六十大板"，强迫被赶走的农民接受工资低廉的工作。凡是流浪一个月还没有找到工作的人，一经告发，就要被卖为奴隶，他的主人可以任意驱使他从事任何劳动。这种奴隶如果逃亡，抓回来就要被判为终生的奴隶。第三次逃亡就要被判处死刑。任何人都有权将流浪者的子女抓去作学徒，当苦役。

托马斯·莫尔在小说《乌托邦》里讽刺道："绵羊本来是很驯服的，所欲无多，现在它们却变得贪婪和凶狠，甚至要把人吃掉。"

现实太苦难、太荒谬，人们只好寄望于幻想，幻想在世界的另一个地方，存在一种不需要吃草就能长出毛的羊。

这种幻想太过迫切，以致有人煞有介事地把幻想实体化，画成图片登到报纸上，说这种羊叫"菜羊"（vegetable lamb），是植物和动物的混合体：绵羊长在植物的叶子上，夜里弯身饮水。

还有人真情实感地对这种幻想加以纠正：不对，"菜羊"不是长在叶子上，而是透过低茎附着在土地上的。

关于"菜羊"的这些幻想倒不是凭空而来，反而有一定的历史依据。公元前 5 世纪古希腊历史学家希罗多德说，印度有一种奇怪的树，可以长出羊毛；1322 年，英国旅行家约翰·曼德维尔在《爵士航海及旅行记》一书中说，有一种神奇的东西是他在里海边上的鞑靼汗国里天天都能看到的：

一种类似南瓜的果实，当它们成熟时，把它们切成两半，里面是一群有肉、有骨、有血很像仔羊的小动物，外面长着毛……这是伟大的奇迹！

俄罗斯旅行家斯特鲁依斯在游记中也绘声绘色地描述这种"菜羊"：

在伏尔加河西岸的草原里有一种叫作"白朗契"（俄文的意思是牡羊）的奇怪的果实。就形状和外貌看来，它很像羊，并且有头、腿和尾巴。它的皮上覆盖着毛，毛非常洁白，并且柔软得像丝。它生长在大约有两英尺半高的低茎上，有时还要高些……它的头向下垂着，仿佛在啮咬着青草；当青草凋萎时，它就死亡了。

假如世上真有这种长在树上的羊存在，贵族就用不着圈地，农民就不用沦为奴隶，世界就会变得十分美好，正像那位英国旅行家约翰·曼德维尔说的一样："这是伟大的奇迹！"

跟其他幻想不同的是，这个伟大的奇迹确确实实在世间存在，那

就是——棉花。

目前有明确记载和实物证据的最早的棉花种植和使用是在南亚的印度河流域，距今约有 7000 年。

棉花简直满足了人类对纺织品的所有幻想。就像中国产业用纺织品行业协会副会长李建全总结的那样，棉花作为纤维具有若干特点和优势：

1. 最天然的纤维。唯一不需要加工、自然生长出来的纺织用纤维——完全吻合 1492 年当时欧洲人的幻想：长在树上的羊毛。到现在，德语里"棉花"一词直译仍是"树羊毛"。

2. 最佳的透气性、保暖性和舒适性。棉花天生具有两大特性：独特的多孔和中空的结构，令棉制品具有优越的透气性和保暖性；含水率 8% 左右，能自动调节肌肤干湿度，穿着使用极具舒适性。

3. 最悠久的纤维。7000 年来世界千变万化，多少物种灭绝，棉花始终保持着旺盛的生命力。

4. 最耐旱的农作物。种植棉花仅消耗 2.6% 的农业生产用水，3% 的耕作面积，却提供全球 36% 的纤维——根本用不着去特意圈地，造成"吃人"的惨剧。

5. 最耐盐碱的农作物。在电导率 9.64dS/m 的盐碱地，几乎没有农作物能生长，唯有棉花能生长并且保持 90% 的收益率。

6. 最可持续的天然纤维。棉制品用弃后埋在土壤里，3 个月就可以自然降解，变成有机肥料。

7. 最正能量的纤维。棉籽所提供的能量是棉花生长和加工过程中所需能量的 1.33 倍。

8. 最安全的天然纤维。棉花天生具有较强的抗病虫害特性，农药残留量少，美国棉花甚至可达到食用级标准，因而无刺激、不致敏，更安全。

9. 最环保的天然纤维。棉花在生长过程中吸收大量二氧化碳，通过光合作用释放大量氧气。每年全球种植的棉花吸收的二氧化碳相当于 750 万辆客运车的尾气排放量。

10. 最具社会价值的农作物之一：为农业、纺织业、零售业提供了数以千万计的就业机会，创造了不可估量的社会价值。

…………

如此种种优点，棉花简直就像是专为人类量身打造的恩物。

也实在令人忍不住冒出这样的念头：这么好的东西，真的是天然生长出来的，不是大自然特意为人类安排的吗？

要知道，人类的起源本身就存在诸多未解之谜，以致很多科学家都认为，人类能够出现在地球上，需要特别特别多的小概率事件同时发生：地球离太阳的距离不能太近也不能太远；地球需要木星的保护才不会被小行星撞击；需要月亮才能有潮汐，逼迫生物上岸；需要陨石来撞击地球消灭恐龙；等等。其中任何一件事出现偏差，人类就不会存在。

如果非要用"神迹"两个字来解释的话，许多人内心深处也是愿意相信的，或者谦虚一点，觉得自己是外星球高级文明创造出来的特别物种。

而棉花，就像是这种神迹的另一个层面。否则的话，人类没有像其他动物那样御寒的毛发，为什么棉花偏偏就能长出为人类遮蔽身体、装扮自己、提供保暖的纤维？

棉花的起源是多中心的。除了欧洲，棉花的老祖宗们在非洲、亚洲、大洋洲和美洲都有分布，而且各染色体在地理分布上基本不重叠。

第一个发现棉花用处的人是谁？

他（她）是怎样突发奇想将棉花纤维搓成线，又用线纺成第一块布？

浩瀚地球，从亚洲到非洲，再到美洲，隔着千山万水、大海大浪，各处的人们又是怎样在某个时间点上，不约而同地自动"点亮"了纺织技能？

太多东西已经湮灭于时间的长河中。也许要等未来的某一天，人类再度走到时间洪流的某个点上蓦然回首，才能看到真相。目前关于棉花在 7000 年前的种种，都已随着诸多消失的文明一起难寻踪迹，徒留传说。

二、玛雅传说：坐飞船而来的羽蛇神带来了彩色棉花

　　玛雅文明是世界上唯一诞生于热带丛林而不是大河流域的古代文明，它的崛起和发展是个世界奇迹，衰亡和消失同样也充满了神秘色彩。

　　当地球上其他人类还处于刀耕火种的新石器时代，玛雅人已经在既没有金属工具也没有运输工具的情况下，建造出高耸的金字塔神庙、庄严的宫殿，甚至还建好了天文观象台；做出了雕刻精美、含义深邃的纪事石碑和建筑装饰雕刻，以及众多做工精美的陶器与祭祀用品。

　　他们还留下了精确的数学体系和天文历法系统，测算出地球年是 365.2420 天，跟现在准确计算的一年误差不过 0.0002 天，5000 年下来误差也不过一天……

　　在玛雅人的传说中，这些异乎寻常的文明是由他们信奉的"库库尔坎"——羽蛇神带来的。

　　相传羽蛇神来自东方的一个未知国度，长着长长的胡须，身上总

披着白色的长袍。他教会玛雅人各种科学知识和生活技能，传授道德规范，还制定了十分严密的法律条文。在他的指导下，玛雅人种植的玉米比之前大好几倍。

正是这位羽蛇神给玛雅人带来了棉花。羽蛇神带来的棉花与众不同，能长出不同的颜色，天生就是五彩缤纷，不需要染色就能织成漂亮的衣物。

羽蛇神完成这些使命后，回到海上，登上一条能把他带向太空的飞船，远走高飞。羽蛇神告诉怀念他的玛雅人，说他还会再回来的。

公元 8 世纪的某一天，玛雅人突然放弃了他们创造的已经高度发达的文明，原本正在创建中的每个中心城市都终止新的建筑。他们大举迁移，似乎一夜之间便消失于美洲的热带丛林中。

近年来，在中美洲尤卡坦半岛玛雅文化遗址中，发现了一份织法特殊的精致棉织物，时间至少可以追溯到 5000 年前，这成为玛雅文明发达程度的又一个有力佐证，也令现代人更好奇：这精美的织法，假如不是那位羽蛇神传授，玛雅人又是如何在几千年前掌握这些技术？它们最终和玛雅人一起去了何处？

三、印度河流域文明：最早种植棉花却可能毁于核爆炸

目前，世界上公认最早种植棉花和使用棉花织布的是印度河流域的达罗毗荼人。

距今 7000 年左右，达罗毗荼人就已经将棉花当成农作物种植，并逐渐学会了怎样将棉花纺成棉布，制作成衣服和其他日用品。他们开创的哈拉帕文化被公认为人类历史上最早的文明之一。

然而，跟留下许多遗迹和传说的玛雅文明不同，印度河流域文明突然消失后，几千年来一直沉睡在泥沙之下，不为人所知。

直到 1922 年，摩亨佐·达罗古城遗址被考古学家发掘出来，和旁遮普地区的哈拉帕组成的哈拉帕文化被确定后，印度河流域文明才重见天日。

1929 年，在摩亨佐·达罗古城中，考古学家发现了大量棉织物的残片，时间可上溯到公元前 3250 年—前 2750 年，在附近的梅赫尔格尔所找到的棉花种子，更可追溯到公元前 5000 年。

如今，摩亨佐·达罗古城成为著名的"死亡之丘"。

之所以著名，是因为包括棉纺织工艺在内，它各方面发达得简直像是几千年后的人们穿越过去建成的。它的城市总体规划先进且极为科学，被称为"青铜时代的曼哈顿"：城市外围有高达数米的城墙，一条宽阔的大马路自北向南纵贯城市，每隔几米就有一条东西向的小街与之成直角相交。此外，还有小巷组成的不规则的路网与小街相连，路上每隔一段距离就会有点灯用的路灯杆，以便人们夜晚行走——请记住，那还是在青铜时代。

它的城内有粮仓、餐厅和公共部门，正中心还有一个巨大的公共浴池，盛有一池深水，在当时来说是技术上的一个奇迹。城里住宅房屋的墙壁很厚，表明至少都是两层楼房。房屋是用烧制的砖块建成的。据考古学家称："砌砖的精细程度几乎无法再提高了。"

当欧洲人还生活在村庄里，英伦三岛上的巨石阵正在建造的时候，达罗毗荼人已经拥有了先进的供水和排污系统。内城的中央大道有数米宽，两边都有排水沟，几乎每户人家都有沐浴平台，许多家庭还有厕所，各家都安装着一种特别的水管，人们使用完的废水和脏水都从下水管流到排水沟排走。

　　但是，几乎比创造出这些奇迹更难以解释的是，印度河流域文明在公元前 2000 年左右一下子消失了，几乎没留下任何延续的痕迹，直到考古学家将它们发掘出来，人们才知道它们的存在。

　　在摩亨佐·达罗城遗址里，除了燃烧的残迹外，街头巷尾到处都有男女老少的尸骨。所以摩亨佐·达罗这个名字在当地是"死亡之丘"的意思。

　　死亡似乎是一瞬间向所有人袭来。

　　关于灭亡原因，猜测很多，但无论是水灾、沙漠化还是外族入侵，都"此路不通"。于是科学家们大胆猜测他们是死于史前核爆。

　　没错，核爆。因为在摩亨佐·达罗古城遗址有个爆炸中心，爆炸中心区域里的建筑物全都变成了平地，但轮廓却十分明显，跟日本广岛遭到原子弹轰炸后的情形一样。

　　但是，有谁会在几千年前扔下一颗原子弹呢？

　　古印度历史上的确有一个关于神秘大爆炸的传说。著名史诗《摩

诃婆罗多》是这样描写的：

> 空中响起了几声震耳欲聋的轰鸣，接着是一道耀眼的闪电。
>
> 南边天空一道火柱冲天而起，比太阳更耀眼的天火把天割成了两半，空气在剧烈燃烧，高温使池塘里的水沸腾起来，煮熟的鱼虾从河底翻了上来，地面上的一切东西，房子、街道、水渠和所有的生物，都被突如其来的天火烧毁了，四周是死一般的寂静……

有人认为这次神秘大爆炸是黑色球状闪电造成的。在宇宙射线和电场的作用下，大气层中会形成一种化学性能非常活泼的微粒，这些微粒在磁场的作用下聚集在一起变得越来越大，形成许多大大小小的球形"物理化学构成物"，而当时的大气条件还可以产生大量的有毒物质，积聚多了就会发生猛烈的爆炸。

随着爆炸开始，其他黑色闪电迅速引爆，这样就形成了好像原子弹爆炸中的链式反应……

种种离奇的推测，令印度河流域文明蒙上了浓浓的神秘色彩。

地球远比人类所知道的更为深邃，厚重的历史尘埃将继续掩盖无数的真相。那些曾经鲜活的、充满智慧的生命体瞬间灰飞烟灭，他们精巧的棉纺织工艺却在印度河流域继续辉煌了数千年。

静静生长在印度河谷的棉花见证了一切，或许也曾有生还者、目击者将那恐怖离奇的一幕丝丝缕缕织进手中的棉布，只等后来的某一天，读懂它们的人出现。

第2章
棉与大航海时代

一、欧洲天生不适合棉花的生长

前些年很流行一句电视剧台词："罐头是 1810 年发明出来的，开瓶器却在 1858 年才出现，人生有时候就是这样，重要的东西有时会迟来一步，无论是爱情还是生活。"

对于已经消失的玛雅文明、印度河流域文明来说，棉花种得怎么样、棉布纺得如何已经不再重要，但是对 1492 年渴盼的欧洲人来说，人生却着实讽刺。虽然印度河流域、中国乃至非洲，到处都有能让他们从被羊吞噬的悲惨命运中解脱的完美"菜羊"——棉花，欧洲却偏偏不适合"菜羊"的生长。

事实上，早在公元前 326 年，马其顿王国亚历山大大帝就率领大军东征，渡过了印度河。在这块东方的土地上，他们发现当地居民穿的棉布衣服既精细又轻柔，于是士兵们到处打探情报，并且搜集了许多棉籽。一回到故乡，他们立刻满怀希望地把这些棉籽种到了地里。

令他们大失所望的是，棉花并没有长出来。

这之后又过了一千多年，到了大约 9 世纪的时候，摩尔人终于将正确的棉花种植方法传到了西班牙，但在棉制造业短暂兴旺之后，又再度几乎无迹可寻，像意大利和德国这些地方，甚至找不出棉花存在过的痕迹。

问题出在欧洲潮湿阴冷的天气和稀少的日照上，这种气候不适合"菜羊"的生长。

但是，还有一句著名的电影台词："念念不忘，必有回响。"

这些渴盼"菜羊"的欧洲人，很快就会发现，棉花跟人类之间奇特的羁绊，是土壤、气候、阳光和距离都无法阻止的。

二、隐藏在海路奇珍异宝下的草蛇灰线

在哥伦布带着西班牙国王写给朱祐樘的那封信出发之前 80 多年，明朝也有一位伟大的航海家郑和进行了大规模的跨海航行，前后达到七次之多，先后访问亚、非 30 余个国家和地区，最远抵达今天东非肯尼亚的马林迪。

而且他们留下了非常完整的航海图。这一点非常重要。

当然，不论是哥伦布还是郑和，他们出海远洋的主要目的都不是为了棉花，毕竟世界上比棉花贵重的东西实在太多了。

哥伦布最渴望的是黄金和香料。郑和船上带的多是中国盛产的金银、铜器、铁器、瓷器、丝绸等大宗货物，还有土帛布，也就是棉布，但并不引人注目。回来的时候呢，"由是明月之珠、鸦鹘之石、沉南龙速之香、麟狮孔翠之奇、梅脑薇露之珍、珊瑚瑶琨之美，皆充舶而归"，都是奇珍异宝，其中数量最多的是胡椒，也是一种香料。

同为植物，胡椒当时的身价甩棉花不知道多少条街。

世界上只有少数热带地区产胡椒。那时候不论是东方还是西方，胡椒都是贵重、难得的香料。中国从唐代开始，胡椒主要被用作药物，仅在"胡盘肉食"时才用之调味。唐代宗时期权倾天下的宰相元载，家里囤积的除了钱粮、金银和各种奇珍异宝外，还有 800 石胡椒。元载后来被处死，这 800 石胡椒也是他贪赃枉法的主要罪证之一，跟现在从某贪官家墙壁里搜出来几亿现金，清点时烧坏了十几台点钞机一样轰动。

郑和下西洋的一个重要成果就是让胡椒变得平民化，史书上记载了这个过程。有意思的是，正是在这些关于胡椒的记载背后，隐藏着棉花对当时明朝的重要性。

郑和第一次下西洋是 1405 年。他归国时碰到一件事，明朝政府开

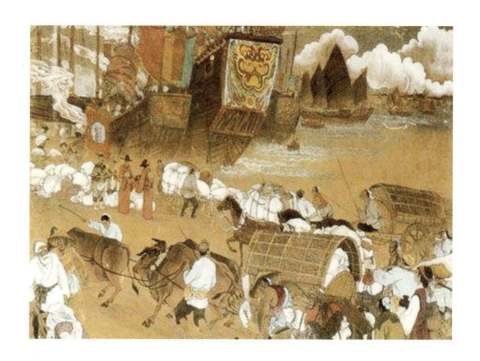

始用苏木（我国古代著名的红色染料）抵扣北京各卫军士约 20 万人的福利。这些福利原本应该是什么呢？冬衣布花，也就是军用的棉袄、棉花和棉布。

等到郑和第五次下西洋满载胡椒归来时，明朝政府开始以胡椒来抵扣在京各卫军士的福利，但规模还不太大，抵扣的方法是：绢一匹折苏木一斤六两，胡椒四两；布一匹折苏木一斤，胡椒三两。

郑和第六次归来后，开始普遍以胡椒、苏木折换赏赐北京和南京各卫军士的冬衣布花，规定：在京各卫军士该赏布三匹、棉花一斤半者，与绢二匹、胡椒一斤……该布一匹、棉花一斤半者，与绢一匹、胡椒半斤。其南京卫所军士，止赏布匹。该三匹者内二匹折绢一匹。一匹折胡椒一斤……该一匹者折胡椒一斤。

假如我们把关注的重点从胡椒上移开，转到被它所替换掉的不起眼的棉布和棉花上，我们会看到历史不经意间隐藏起来的、事关后世兴衰的草蛇灰线。

上面那几段记述中，"该"字后面跟着最多的是布和棉花。布通常指的就是棉布。可见，明朝的棉花和棉布已经跟钱一样，成为包括军政人员在内的公务员们工资表里正儿八经该得的收入之一。

据记载，明代公主或者亲王没有受封的儿子，每年的收入里包括棉布 30 匹；亲王已经受封的儿子有棉布 100 匹。

明代各司府州县官员的工资里同样都包括一定数量的棉布，远离家乡去赴任的官吏还会额外得到补贴"冬衣给棉布两匹"。

由此我们可以推断，当时中国的棉花产业，不仅在技术上能造出让皇帝爱不释手的精品棉布，在产量上也相当惊人，多到满溢，不但可以供给人们穿，还可以存起来当货币给公务员们发工资、发福利。

当然，我们一向自豪于中国幅员辽阔、地大物博，每一寸土地上都可能长出意想不到的好东西，长几株棉花、纺几匹棉布那还不是分分钟的事？

事实恰恰相反。

和有如神助的玛雅文明和印度河流域文明不一样，中国一开始并不受棉花之神的青睐，中国人自豪的"自古以来"四个字，一碰到棉花，就只能变成委屈的一句话：中国自古以来就不是棉花的原产地。

据现代农业专家考证：中国的亚洲棉是从印度引进的；草棉有可能从中亚的巴基斯坦或者乌兹别克斯坦引进；中国的陆地棉最早来源于美国，后来曾多次大量地引种才种植成功；科研上利用的野生棉种多从澳大利亚引入；海岛棉可能从埃及引入……

总之，960 万平方公里这么大一片土地，愣是没自主长出来棉花。

　　正因为不是原产地，所以中国最早植棉的区域并不是广袤的中原，而是离棉花种子传入地比较近的边陲之地，如云南、海南、新疆等地。

　　所以中国原本也没有棉花这个名称，南宋以前连"棉"这个字都不存在。东汉时的《说文解字》只有"绵"字或者"緜"字，是指蚕丝所聚合成的丝绵。

　　南宋以前的古书和古诗里偶尔能见到棉花的身影，当时人们把它叫作"白叠""吉贝""古终藤""梧桐木""橦木"……这些名词是非常简单粗暴地把西亚、南亚等地对棉花的称呼进行了音译或者转音。

　　白叠及其同类名词是古梵语 Bhardudji 的音译，意思是原产于非洲的野生棉。也有学者认为该词源于波斯语，又与被古厥语所吸收的 Pahta 有关，原意是"条""带"，引申为长条的"布幅"。直到 20 世纪五六十年代，海南黎族人仍称整株棉花为吉贝，称絮棉为贝。2014 年专家去西藏林芝考察，当地居民也还是称棉花为"贝"。

3 世纪，三国时期的魏文帝在一个诏书中写道："夫珍玩所生，皆中国及西域，他方物比不如也，代郡黄布为细，乐浪练布为精，江东太末布为白，故不如白叠子所织布（棉布）为鲜洁也。"可见当时西域的棉花传入中原，被视为珍玩。

4 世纪，吴笃《赵书》记载："石勒建平二年（331 年），大宛（今乌兹别克斯坦）献珊瑚、琉璃……白叠。"那时候棉布是作为中亚国家的贡品输入的。

唐代，白居易算是很早的棉布粉丝了，写了很多诗歌赞美它的舒适美观。他在《醉后狂言酬赠萧、殷二协律》中写道："吴绵细软桂布密，柔如狐腋白似云。"在《新制布裘》中则说："桂布白似雪，吴绵软于云。布重绵且厚，为裘有余温。"这里的桂布指的就是棉布。

后来中国人自己创造了"木绵"一词来称呼棉花，可惜经常跟并不适合纺织的攀枝花搞混。

一直到南宋的《瓮牖闲评》中才首次出现"棉"字。这是当时新造出来的字，专指棉花。元明时期，"绵"字和"棉"字共存共用。清代《康熙字典》将"栯"等字列为"棉"的异体字，从此棉或者棉花才成为全国上下广泛认同的流通用词。

棉花称呼演变的过程，也是棉花种植和纺织在中国不断发展的缩影。

从南宋时期开始有正式名称到郑和下西洋的 1405 年，两百余年过去了，胡椒依然是只能依靠进口的香料，棉花却从一个连正式名字都没有的"外来客"变成中国人习以为常的生活用品，还挤进国家货币体系，差点就被贴上"自古以来"的四字标签，其潜力令人惊诧。

三、棉花和人相互成就的特性

尽管中国最初和欧洲一样，都不是棉花的原产地，但中国在棉花种植和纺织上取得的惊人成绩，对欧洲来说似乎没有任何借鉴意义。光是棉花生长需要的光照条件，欧洲尤其是西欧就完全无法满足。西欧的主要气候类型是温带海洋性气候，冬暖夏凉，年温差小；全年有雨，冬雨较多，全年没有干季，极不利于棉花的生长。而中国幅员辽阔，由北到南有寒温带、中温带、暖温带、亚热带、热带……"东方不亮西方亮"，总有几块地儿适合长棉花。

但中国人种棉花也并非一帆风顺。

一直到南宋时，棉花都只在中国边远地区种植，跟繁盛的中原地区没什么关系。南宋诗人谢枋得在他的一首名叫《谢刘纯父惠木绵布》的诗里提到这件事，说木棉为八闽之利，而为江东所不产。

"八闽"指福建，"江东"泛指现在的苏南、浙北及闽岭以北的江西一带。谢枋得是江西信州（今江西上饶）人，又在当地做官，知道江西栽桑养蚕而不种棉花。

此诗写于南宋德祐年间（1275—1276），我们可以此推断，至少在 13 世纪 70 年代以前，江西信州的人们在冬天还没有享受过棉被的温暖。

长江流域的江浙一带种棉花要早些，1966 年在浙江兰溪县的南宋墓中出土了一条完整的棉毯，经考证是南宋初年的产品。

棉花越过南岭山脉，从边远地区传播到长江流域的过程有点折腾。因为南岭山脉以南气候温暖，跟长江流域完全不同。在南岭以南，棉花是多年生的，不需要年年播种。到了江南，气候太不一样，冬天一降温棉花就冻死了。这可怎么办？

勤劳勇敢的中国人经过耐心挑选、人工"驯化"等努力，终于让南岭山脉以南多年生的棉花在江南变成一年生植物，收完棉花后留下种子，次年再种下。

大约在同时期，西部边远地区的棉花也越过河西走廊进入了陕西，为适应环境同样经过一番折腾。这些折腾甚至引发了一场全民大讨论：中原大地到底能不能种棉花？是风土不适宜吗？还是棉花种性不良？还是种法出了问题？

很快，在人们用心的培育下，棉花用它自身优良的适应性和抗逆性给出了答案：能。

不但能而且能迅速在中原大地上"滋茂繁盛，与本土无异"。

明代江苏太仓人吴伟业在《木棉吟》中就说，"昔年河北载花去，今也栽花遍齐豫"。

明代《大学衍义补》（1487）载："至我朝（棉花）其种乃遍布于天下，地无南北皆宜之，人无贫富皆赖之。其利视丝、枲（麻）盖百倍焉。"

到了清代，李拔在《种棉说》里说："予尝北至幽燕，南抵楚粤，东游江淮，西极秦陇，足迹所经，无不衣棉之人，无不宜棉之土。"

从上述明清的著述中可见当时棉花栽种的普遍性，到处皆是。

棉花的纺织行业发展也同样如此，虽然困难重重，但是一旦有了解决办法后，发展也较为兴盛。

棉纺织业刚开始的时候，对环境同样很挑剔，很多地方不适合纺纱，比如说北方，天气干燥，棉纱易断，很难纺出像样的棉布。人们就开动脑筋想办法，直到明代中后期，河间府（今河北）肃宁县的人终于想出了解决方法——挖地窖纺纱，采用"多穿地窖，深数尺，作屋其上，檐高于平地仅二尺许，做窗棂以通日光。人居其中，就湿气纺织"。因为地窖刚挖好的时候，里面还残留着泥土的湿气，就着这股湿气赶紧把纱纺了，效果相当不错，竟一举克服了北方的干燥，纺出了极好的棉布，棉纺织业从此大为兴盛。

明末徐光启在《农政全书》中提及："初犹莽莽，今之细密，几与吾松之中品埒矣。"意思是一开始纺的棉布松松垮垮，现在又细又密，快赶上松江府中等品质的布了。到了乾隆时期，方观承则称赞："其织纴之精，亦遂与松娄匹。"精致程度赶得上松江布。

元朝的王祯对棉花的优势就作过横向比较，在《农书》中总结道：

"比之蚕桑，无采养之劳，有必收之效；埒之枲苎，免绩缉之工，得御寒之益。可谓不麻而布，不茧而絮。"种棉花比养蚕要好，不用辛辛苦苦采桑叶喂养吐丝的蚕，只要播种就必有收获；比种麻也好，天然就有绵长的纤维，免去了浸泡鞣制麻秆的辛劳，还超级温暖可以御寒。可以说是不种麻能得布，不养蚕而得到棉絮。

从中国中原棉花种植和纺织的曲折过程可以看出，棉花具有超强的生命力，所产纤维也十分优秀，只要再加上一点人类的呵护和努力，棉花和人类便能彼此成就。

棉花和人类相互成就这个温暖的特性虽然不起眼，却非常重要。这个特性将在一百多年后，给似乎与棉花无缘的欧洲人带去一个前所未有、难以想象的"大礼包"。

当然，在 1492 年，这个"大礼包"，还欠一点海洋上吹来的风。

四、航海大发现：天生就受棉花眷顾的印度

众所周知，1492 年西班牙国王的那封信，最终没有送达朱祐樘手中。因为哥伦布走错了方向，一路向西拐去了美洲，离他梦想中富庶的东方越走越远。

哥伦布当时并不知道自己错了。历经一个多月冗长艰难的海上航行之后，远远看到一片生机勃勃的岛屿，他立即十分兴奋地认为自己到了印度。后来人们将错就错，把那些明明位于西半球拉丁美洲的群岛取名为西印度群岛。

哥伦布对印度的向往不难理解。那个时代，东方意味着无穷无尽的财富，其中的佼佼者，一个是中国，一个是印度。

中国和印度的富庶又有所不同。从前面所讲的内容很容易看出，哪怕只是简单的一种棉花，中国想要种好、纺好，都必须要有人的努力"加持"，需要动用众多汗水、智慧和时间。

这个过程也锻炼出中国人勤劳、爱思考的特性——有这种特性的人一般不太好惹。

郑和下西洋虽然是一场和平的航行、友谊的航行，但也是一趟走到哪儿扬威到哪儿的航行。所以，尽管西方人对东方的富庶馋得口水流一地，哥伦布出发前，西班牙政府还给他下了十分不体面的命令——碰到什么就可以抢什么，抢钱、抢地、抢人都可以（这并不是路边社杜撰的小道消息，这个命令两年后在欧洲以正式条约定了下来），但是一想到要抢中国人的东西，他们还是有所顾忌的，这就是为什么明明想抢东西，西班牙国王还冠冕堂皇地写一封信给朱祐樘。

印度跟中国不一样。它的土地上不仅天生就能长出棉花，还天生就能长出贵得要命的胡椒和其他各种香料，而且盛产宝石。

"天生"这两个字意味着轻而易举。

就拿棉花来说，虽然中国人民依靠勤劳和智慧，短短两百多年就将棉花种植和纺织都经营得风生水起，但作为棉花天然的生长国，几千年前就掌握棉纺织技术的印度人轻易就能将棉纺织品做到集轻柔舒适、色彩艳丽、样式新颖等各种优势于一体，有些棉布甚至能纺到薄如蝉翼。中国人熟悉的旅行家马可·波罗也曾热情称赞中国的丝织品，但是据说他看到印度的棉布后，却夸奖它们才是全世界最美的织物。

荷兰旅游者兼商人范·林斯科顿在《航行去东印度》中也说了差不多的话："在印度的圣托马斯等地区的棉织品颜色齐全，本地人多数都穿着棉织品，其得到的赞颂比丝绸织品还要高。"

伴随着这些丰饶物产的是诸多的财富传奇，就连远离印度的非洲大陆也流传着一个关于印度棉布的民间传奇：

古时候，非洲许多国家的人民靠采集和渔猎为生，只能穿用兽皮和树叶做的衣服。一次，一位印度商人携带了大量棉织品在一个名叫"黄金海岸"的非洲国家靠岸，用棉布迅速征服了这个国家的人民，受到优厚的礼遇。国王还把自己的一位公主嫁给他，让他过着幸福美满的日子。后来，这位印度商人又当上了国王……

得来太容易，捍卫的决心便不那么坚定，也就让觊觎者更有机可乘。哥伦布之所以非要把西半球的美洲群岛掰成东半球的印度群岛，正因为他们早就把印度当成势在必得的"肥肉"。

不仅是西班牙，大航海时代的葡萄牙冒险家们也同样贪婪地四处抢东西。

大海虽大，却容不下两伙强盗。西班牙和葡萄牙各自把所到之处都狂妄地宣布为本国的领土，打了不知道多少架，罗马教皇亚历山大六世不得不出面调停。

于是两伙强盗在 1494 年 6 月签订《托尔德西里亚斯条约》，公然把全世界的海洋控制权都瓜分好了：

在佛得角群岛以西约 370 里格（陆地及海洋的古老测量单位，1 里格约为 5000 米）处，大致在西经 46 度，从北极到南极划一条分界线（称"教皇子午线"），线东归葡萄牙所有，线西归西班牙。

每登上一个岛，哥伦布就插上西班牙国旗，宣示西班牙主权。然而他根本就没到东方，更没有抢到想象中的东方财宝。

反倒是比哥伦布晚几年出发的葡萄牙探险家达·伽马成功绕过好望角后，于 1498 年 4 月到达非洲。在那里，他们遇到了经验丰富的阿拉伯引水员。这位阿拉伯引水员不但知道郑和下西洋的航线，也熟知其他阿拉伯生意人经常走的航线，他带领达·伽马的船队于 1498 年 5 月到达卡利卡特——欧洲人梦想中的富庶东方印度。

达·伽马如愿以偿,船队满载香料、宝石回国,所得纯利约为航行费用的 60 倍。

这大大刺激了葡萄牙人的欲望。很快,达·伽马又再次去印度。

这一次,他一改前次生意人的面貌,露出了强盗的真面目,带着枪炮沿途一路拦截商船,杀人灭口。到达印度后,他们炮轰卡利卡特,强占果阿和柯钦……葡萄牙国内对此欢欣鼓舞。

在这个充满贪婪和掠夺的大航海时代,关于棉花的一切都还只是配角。

诚然,欧洲人踏上印度的土地后,色彩丰富和质量优良的棉织品让他们感到震惊,精良的平纹细布、色泽多样的印花棉布让他们眼花缭乱。但是比起流淌着鲜血的黄金白银,棉花的美丽怎能不显得太平淡、太普通呢?

哥伦布虽然走错了方向,但还是带领西班牙人成为海上霸主,强占了几乎整个美洲大陆,几十万几十万地屠杀印第安人。仅仅在秘鲁,国王阿塔华尔巴被抓后,一次性就付给西班牙人能填满关押他的牢房(长 6.71 米,宽 5.19 米,高 2.75 米,约合 96 立方米)的黄金和大量的白银。

1521—1544 年,西班牙人平均每年从美洲运走黄金 2900 公斤、白银 30700 公斤。到 1545—1560 年,黄金增至 5500 公斤,白银为 246000 公斤。

到 16 世纪末,西班牙在美洲开采的贵金属占世界总产量的 83%。

葡萄牙人同样如此,除了不断侵占印度,还将黑手伸向非洲。从 1480 到 1530 年,葡萄牙人在几内亚湾掠得的黄金就价值 10 万英镑,占当时世界黄金总量的 10%,还开始贩卖黑人为奴隶,每年从非洲弄走成百上千的黑人运往欧洲拍卖，获取暴利。

1533 年，这一年，在东方的中国，明朝的皇位早已传给了朱祐樘弟弟的儿子，也就是嘉靖皇帝；这一年，在美洲大陆，西班牙征服了"黄金之国"印加帝国。从此，中华文明成为世界上仅存的古文明。

此时所有惊涛骇浪的争斗，给此时只是配角的棉花在短短几十年后走上世界舞台中心铺好了道路。

第 **3** 章

工业革命:
一场由棉花牵动的人类大变革

一、偶然还是必然?
由伊丽莎白一世看女人对美丽服饰的狂热

就在西班牙征服印加帝国的同一年,一位即将彻底终结西班牙海上霸主地位的女孩降临到了世间,这位名叫伊丽莎白的女孩带给英国的黄金时代,又将孕育出一百多年后那场改变人类命运的工业革命。

关于第一次工业革命的那段史实,现如今已经写进教科书,人人看得滚瓜烂熟。工业革命于 18 世纪 60 年代首先从英国开始,而且完完全全是被棉花牵动的。

可是,无论是伊丽莎白一世降生时还是今天,欧洲尤其是英伦三岛不适合栽种棉花这个事实,从来就没有改变过。

不受棉花眷顾的英国,当时在世界舞台上只是一个灰头土脸的龙套角色。它输掉了跟法国的百年战争,完全失去了欧洲大陆的领土。

1558 年伊丽莎白一世即位时,英国政治上四分五裂,经济上穷得

叮当响，还欠了一屁股债，不要说在国际事务中毫无地位，就连在欧洲，也只算得上偏远小岛上的一个二流小国。

当时英国唯一拿得出手的是羊毛纺织业。皇家国库的正常运转全靠出口羊毛和用羊毛纺成的呢绒维系，整个英国的经济命脉挂在羊身上，也就难怪会出现"羊吃人"的惨剧。

伊丽莎白一世本人，终其一生几乎并没有跟棉花打过什么正儿八经的交道。就算是新航路开辟发现了新大陆，对她而言也只不过是多了一个卖出英国呢绒和羊毛的渠道。

认真算起来，这位著名的"童贞女王"、英国黄金时代的缔造者唯一跟棉花扯得上的关系，是 1600 年支持伦敦商人成立了一间后来非常"著名"（也说不上是好名还是坏名）、直到现在还能在中国教科书里看到的贸易公司——东印度公司。

在中国人的印象中，东印度公司是专卖鸦片的邪恶公司。事实上从公司的名称可以看出，它最初主要是负责跟印度进行贸易来往，后来英国才通过它来和清朝做贸易。

东印度公司保留着详细完整的进出口贸易记录。研究者发现，在很长一段时间，鸦片并不是英国出口中国的最重要货物，真正的主打商品——没错，就是棉花。

东印度公司贩卖给中国人的棉花是从当时已经成为英国殖民地的印度收来的，转卖给中国人后利润非常高，且不比其后来种罂粟生产鸦片的利润差，完全可以实现收支平衡，并不像人们想象的那样，英国不卖鸦片就没有钱买中国的丝绸和茶叶了。

至于棉花如何影响鸦片战争爆发，这是后话了。让我们先说回伊丽莎白时代。

伊丽莎白一世在位时，尽管航海大发现让商人们可以绕过好望角直接到印度买棉花和棉布，不再需要经过意大利人、威尼斯人、阿拉伯人的层层盘剥，但对于盛产呢绒的英国来说，棉布的影响力渗透是非常缓慢的。

但是，英国女人对美丽服装的狂热爱好，在伊丽莎白一世的身上暴露无遗，从某种程度上来说，她带领英国女性将对服饰的爱好上升到了一个新高度。

作为一名典型的处女座，当伊丽莎白一世发现自己接手的是外债高达 22.7 万英镑（当时年薪 100 英镑就算高收入）、全国财富加起来还不到法国 1/4 的烂摊子，虽然贵为君主，她还是本能地开动脑筋，留下了不少抠门的经典趣闻：

尽量少打仗，因为打仗很费钱，假如大臣们坚持要打，那么打仗的经费她只掏一部分，剩下的由大家众筹；

就算是跟西班牙的海上霸主争夺战到了白热化阶段的 1587 年，一听说西班牙暂缓出征，她立刻解除了军队的战备状态，喜滋滋地从海军伙食费里省出一大笔开支；

新增 878 个爵位，专卖给有钱的地主和新兴中产阶级；

放高利贷，宫廷里一大批贵族都欠她钱，连她的宠臣、传说中的情人莱斯特伯爵都欠了她 3.5 万英镑，莱斯特伯爵死后，伊丽莎白一世一点没念旧情，没收他的家产追债；

每年夏天，她会带一大群人去外地避暑，所有费用都由接待方支出，对方还得给她送礼……

靠着各种奇特的抠门大法，伊丽莎白一世把王室每天的开支节省到她姐姐玛丽一世时的 1/3。

伊丽莎白一世的抠门本性，让她吝啬至此，恨不得一分钱掰成两分钱花，但唯独在服装上，她舍得一掷千金。

伊丽莎白一世在伦敦专门建了储存皇家服饰的宫殿——衣橱宫。衣橱宫占据了整个街区，就像一个巨型的仓库，由专门的"礼服守卫们"照看着。伊丽莎白一世拥有其中的 1326 件衣服，光是照看她的暖手筒就必须专门雇一个人。

现存的各种画像显示，她的衣服上总是镶嵌着各种闪闪发光的宝石，她也总是戴着珍珠项链，据说放到现在的话相当于把几百万英镑挂在了脖子上。她对珍珠的痴迷令英国的宝石镶嵌技艺一度达到巅峰。

她还推动了拉夫领的出现。高高的拉夫领不需要故作姿态，自然而然就是一副睥睨天下的高傲模样。

因为她喜欢听华丽衣服的沙沙声，所以连她身旁的男士都穿成套奢华的意大利式服装。一位绅士穿着宫廷规定的全套服装的花费，跟在伦敦市区租一年的房子一样贵。（也许这就是那么多贵族找她借高利贷的原因之一）

伊丽莎白一世一向谨言慎行，其座右铭也很省口水："明察无言。"直译即"我观看，而且我沉默"。

但是却有这样一则趣闻，打破了她固有的高冷形象。

据说曾有一名主教批评伊丽莎白一世对服饰过分热爱，这可碰到了她的"逆鳞"，伊丽莎白一世毫不吝惜口水地"开喷"了，警告主教别再提这件事，否则他会早早去见上帝！

伊丽莎白一世对服饰的这种狂热爱好，引发了英国女人追逐服饰的潮流，也为后来在英国引起棉制服饰热潮做好了铺垫。

二、平民女性的跟风：被打、被泼酸也要穿棉布裙子

在很多影视剧和小说里都描写过英国上流阶层女性对服装不厌其烦的讲究，其烦琐程度令人瞠目结舌。

白天的不同时段、不同场合，她们要换上不同的衣服：上午在室内穿女士长外衣，下午换圆礼服；上午非正式场合穿浴袍；外出散步穿散步服；有客人来拜访要换接待服；出门做客要换外出服；看戏要换观戏服。

晚上又必须换上跟白天截然不同的礼服，礼服细分为舞会服、晚礼服和婚礼服等。

热爱华服的伊丽莎白一世带领英国走进黄金时代，打败西班牙无敌舰队，成为新的海上霸主之后，英国接管了原属于西班牙和葡萄牙的殖民地和种种贸易特权。财富的迅速积累，"培养"出了贵妇们整天忙于换衣服追逐时尚的习惯。

平民女性自然立即跟风。不过，想要的衣服实在太多，而钱又实在太少，绸缎、天鹅绒、高级呢绒都很贵。自然而然地，印度棉布进入了大家的视线。

这时候，由于航海大发现，欧洲商人可以直接去印度买棉布。少了中间商赚差价，印度棉布的获得变得既方便又便宜。印度棉布的实用、舒适、色彩斑斓和浓厚的异国情调，让英国消费者为之倾倒。上至王侯贵族，下到普通商人，都越来越青睐轻便又实用的棉布，漂亮的廉价棉布制品使普通民众也能像中上层

贵族那样穿得整洁、舒适甚至时尚。单单是 1684 年，英国就从印度进口了上百万件棉制服装。

除了做衣服，那时候还流行用大面积的印有鸟类、花和树木为主题的印度印花棉布来装饰床、沙发和椅子，做床的穗边和遮篷，或者是窗帘。

印度棉织品不仅在英国受到欢迎，而且深受欧洲其他国家、非洲以及拉丁美洲的民众欢迎，成为当时世界上最畅销、利润最丰厚的商品，以精美横扫整个世界市场，控制全世界 1/4 的纺织品贸易。

很快地，许多英国人就感到不是滋味了。

靠羊毛发财的商人们发现，生意没以前那么好做了；被羊占据土地，不得不在工厂里纺织羊毛为生的工人们日子更是不好过。

更何况，就国家层面来说，贸易逆差实在很令人头疼，就连几百年以后的美国总统，为了减少贸易逆差也不断喊话，"连哄带吓"地要求其他国家领导人想办法，甚至不惜发动贸易战。当时的英国也开始琢磨怎么打击印度的棉布，减少贸易逆差。

那时候英国国内也有了一些棉纺织工业，但是渺小到几乎可以忽略。

曼彻斯特是英国最早生产棉布的地方，主要靠从塞浦路斯进口的棉花做原料，只能生产品质中等以下、数量不多的粗棉布。

相对来说，兰开夏的条件要好一些，拥有得天独厚的湿度和温差，纺出来的棉纱异常纤细。那儿的工厂从东、西印度群岛和巴西弄来棉花，工人们想方设法仿造印度棉布。但是工具和技术的差距实在太大了，他们生产出来的棉布仅仅是棉麻混合织品，远不如印度棉布柔软、漂亮。

一直到 17 世纪 40 年代，英国纺出来的棉布都是劣等品的代名词，基本无人问津。此时接连的战争也使英国国力跌入谷底，以致遭到当时威尼斯大使直言不讳的羞辱："在世界各国的眼中，英国只不过是一个毫不起眼的民族，因而无足轻重。"

为了保护本国几乎毫无还手之力的纺织工业，1662 年英国政府下令禁止在国内销售印度棉布，向进口的印度商品征收高额的歧视性关税。

1690—1721 年，英国又相继颁布了一系列法令，禁止进口印花棉布。其中 1700 年，英国禁止从印度、伊朗和中国进口棉织品。这个禁令是绝对的，毫无讨价还价的余地，哪怕是印度制造的一根棉线，英国人也不能动用。

一直到 1812 年，英国还对从印度进口的花标布征收高达 71.7% 的进口税。

但事实上的效果呢？

当时许多跟羊毛纺织业有关的人早就把怒火发泄到棉织品上。穿印花棉布的女性们经常发现衣服上被泼酸性化学品。还有许多人拼命鼓吹这样的观点：正经女人就不应该穿纯棉的衣服，因为纯棉代表着色情！

一位名叫桃乐丝·奥尔文的女人因穿印度棉布衣服而遭到了织工们的围攻。他们当众脱下并且撕烂了她的袍子和衬裙，用肮脏的语言威胁她，并且把她赤裸着丢到了伦敦东部的广场上。

伦敦人罗伯·加德纳把自家公寓出租给名为布莱尔的租客后，横祸飞来。由于这名租客把违禁物品带进家，可怜的房东罗伯·加德纳也被连累，跟着进了监狱。而这杀伤力如此之大的所谓违禁物品就是印度细平布。

然而，尽管面临从政府到民间的重重威胁，一些英国人还是坚持热爱棉花。人们，尤其是女人们，甘愿冒着被罚款、监禁和辱骂的风险，继续穿着用进口棉织品做成的衣服。

当时有人观察英国人的着装说道："所有卑微的人，包括女仆和不起眼的穷人，都按照自己的意愿着装……他们都穿上了棉布和亚麻布服装。因为这类服装价格低廉、质地轻薄，而且色彩明快……"

假如棉花是一个人，那么这些"粉丝"堪比战士般的热情和勇气，显然打动了它的心——棉花开始眷顾这个原本跟它无缘的海岛小国。

三、珍妮纺纱机：棉花之神的眷顾

命运的眷顾跟命运的倾覆颇有共同之处：突如其来，身处其中的人根本还来不及反应。

英国人也没有想到，棉花即将送给他们的大礼包，将颠倒整个世界几千年来的格局，带给人类几千年从未想象过的巨变。而这一切都是由最普通不过的一些人在某些不经意的瞬间完成的。

其中最经典的瞬间，莫过于 1764 年某一天夜里兰开夏郡纺织工詹姆斯·哈格里夫斯不小心踢出的那一脚。

那个夜晚跟过去无数个夜晚没什么不同。

在东方，虽然印度已经于 7 年前沦为英国的殖民地，海盗和外国商船时不时在外海掀起风浪，中国却依然按照几千年来的节奏，进行着王朝的更替和兴亡。明朝没了，清朝来了。1764 年正是乾隆二十九年。

跟哥伦布出发那年的"弘治中兴"一样，中国又处在一个安稳富庶的"康乾盛世"，GDP 占世界总量的 32%，几乎达到 1/3，全国人口更是达到空前的 2 亿之多。

对世界上其他地方发生的事情，中国依然保有天朝上国独有的傲慢。这一年，在尹继善等人的再三奏请下，乾隆皇帝大笔一挥，终于放松了对浙江、广东等地丝织品出口海外的禁令，允许他们卖一些丝织品给眼巴巴等待的外国人。

那个夜晚在英格兰，哈格里夫斯跟当时成千上万的手工织布工人也没什么不同。他出身贫穷，几乎没上过学，靠出卖劳动养家糊口。由于没有劳动保护法，每天工作 12 个小时是家常便饭。

但谁又敢说这个人的出现不是历史千挑万选的结果呢？

假如没有英国人对棉制品和美丽服装"倔强"的热情，哈格里夫斯也许并不会成为手工织布工人，而是成为一名纺羊毛的工人或者其他行业的工人。英国人嘴上虽然喊着纯棉代表色情，但针对的并不是所有棉布，而是特指从印度和中国等国进口的棉布——政治就是这么虚伪。私下里，英国政府大力鼓励和支持本国人向印度学习，赶紧提高棉布的产量和质量。

所谓学习，说白了就是"山寨"。现在总有人嘲笑中国很多高科技产品是山寨货，事实上，几百年前"山寨"得最起劲的正是欧洲国家。不是一两家公司，而是由政府带头进行抄袭。

这方面浪漫的、不拘一格的法国人走在前列。1678 年，服务于法国东印度公司的乔治·罗吉斯根据他在印度艾哈迈达巴德的常年情报刺探，写出有关印度雕版印花技术的一份报告——这种行为放到现在就是妥妥的商业间谍行为，当时却被法国上下誉为无价之宝。在这份报告的指导下，法国开始仿制出跟印度差不多的棉织品。

英国也迅速跟进。十七八世纪，英国的棉布技师都在搜集印度印花技术，然后抄袭设计，比如说《班加罗尔进行之制造，以及本地人丝、棉染整个过程之纪录》，或是性质类似的《棉纱线等物品的真正的东方制程》等。

有人公然在写给英国贸易局的备忘录中提出，希望英国织布工能够成功仿制印度棉织品，那样的话，"除了在我们本身领地内采用，全世界都将是我的顾客"。

渐渐地，英国制作的棉织品也开始有模有样。

18 世纪 20 年代的时候，英国的纺织工人还在集体羞辱穿印度棉布的女人，谁能想到几十年后他们生产的棉布就已经大量出口，尽管主要市场只在沦为英国殖民地的非洲和美洲。

正是棉纺织的初步兴盛给了包括哈格里夫斯在内的大批英国人从事棉纺织业的机会，让他接触和熟悉了纺纱机，为那个命运降临的瞬间做好了第一步准备。

也许是随着女儿珍妮的降生，经济压力日增，所以那个夜晚下班的哈格里夫斯回到家时，他的妻子还在家里摆弄纺纱机，利用空闲时间接点小活，纺点棉纱好补贴家用——这同样是命运一环套一环早已埋下的伏笔。

这之前 30 多年，一位名叫约翰·凯伊的钟表匠对英国的旧式织机进行了改造，在上面安装了滑槽里带有小轮的梭子，滑槽两端装上弹簧，织布的梭子快得好像能飞起来一样，名叫"飞梭"。以前两个人配

合才能织的布现在一个人就能完成，而且织出来的布比以前更宽。

织布速度快了，织布要用的棉纱供应就跟不上了。一个织工织一天布，需要 10 个纺工供给棉纱，甚至更多。于是棉纱价格飞涨，供不应求，常常断货，英国几乎全民动员起来纺棉纱，连孤儿院和监狱也在日夜赶工。

在这种情况下，哈格里夫斯的妻子一边带孩子操持家务一边纺纱赚点小钱，也就顺理成章了。

而哈格里夫斯的家跟其他任何一个贫穷工人的家一样，窄小阴暗，所以那天晚上哈格里夫斯下班后打开家门，才会不小心一脚踢翻了妻子正在使用的纺纱机。

命运瞬间就这样降临了。

哈格里夫斯的第一个反应是赶快把纺纱机扶正。但是当他弯下腰的时候，看到被踢倒的纺纱机还在转，只是原先横着的纱锭现在变成直立的了。

这个瞬间也许并不独特。全世界有那么多纺纱机，并不是只有哈格里夫斯才会不小心踢倒它们；踢倒它们的人们，也一定都会跟哈格里夫斯一样下意识地弯下腰试图去扶正；他们也一定看到过同样的纱锭竖起来乱转的情形。

为何灵感偏偏在此时、此地，降临在此人的脑袋里？

棉花之神显然已经安排好命运的另一环：由于英国的棉纱实在供不应求，官方和民间机构纷纷以悬赏的方式，寻找新的机器。1761 年，英国皇家艺术学会悬赏鼓励人们发明新型纺纱机，要求新的机器能"一次纺 6 根毛线、亚麻线、大麻线或棉线，而且只需要一个人开机器或看机器"。

这些悬赏的文字显然直接将哈格里夫斯的思路引导到了它们该去的地方：

假如把这几个纱锭都竖着排列，用一个纺轮带动，不就可以一下子纺出更多的纱了吗？

悬赏的激励和明显可见的"钱途"，又继续指引哈格里夫斯行动起来，他丝毫没有半点拖延地牢牢抓住了脑子里的灵感，马上试做这个新机器并进一步改进。

很快，一个纺轮可以带动 8 个竖直纱锭的新纺纱机出现了，纺纱的功效一下子提高了 8 倍。哈格里夫斯用女儿的名字给这台机器命名，这就是众所周知的珍妮纺纱机。

哈格里夫斯的灵光一闪如同抓住了棉线的线头，后面那些牵动整个世界的发明，接二连三被它带了出来。

珍妮纺纱机纺纱速度很快，但是纺出来的棉纱比较细，容易断。为了让棉纱更结实、速度更快，1769 年阿克莱特发明了水力纺纱机，纱线变得结实了，但比较粗。

　　为了让棉纱兼具柔软、精细和结实的特点，1779 年，克隆普顿发明了"骡机"；棉纱生产得越来越多、越来越好，这下换成织布的速度跟不上了，1785 年卡特莱特发明的水力织布机解决了这个问题，织布效率顿时提高了 40 倍……

　　棉纱和棉布的生产效率变快几十倍，拖动机器的骡子、水流和风力都跟不上它们了，1785 年瓦特为矿工抽水制作的蒸汽机很快被用到了棉布的生产上。

　　围绕着棉花，英国全民创新、万众创业。印花、漂白、染色等技术和净棉机、梳棉机、卷线机、整染机等机械的发明和创新比比皆是。

　　所有关于棉花的发明和创新都令英国政府兴奋无比，实施各项优惠和奖励政策。1786 年英国国王封卡特莱特为爵士，一年后任命他为德比郡郡长。1812 年，英国国王奖励发明"骡机"的克隆普顿 5000 英镑。

　　"重赏之下必有勇夫"，于是在英国人人都想开纺纱厂，不管多小的厂都很容易赚钱。卡德威尔暨伯雷公司每年的投资报酬率是 13.1%，达格岱尔公司则为 24.8%。

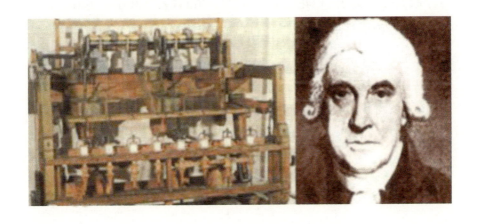

麦克科隆暨肯尼迪公司本来是卖机器的工厂，不幸遇到客户爽约，白白生产了两台精纺机。他们索性把机器留给自己用，开起了棉纺厂，每年投资报酬率很轻松达到 16%，甚至还连续五年高达 26.5%。雇佣工人的数量从 300 多人暴涨到 1000 多人。

棉花柔软纤细，却丝丝牵动英国，使之发生了惊天巨变。过去平静的河流边耸立起一座座高达四五层楼高的厂房，成百上千人在轰鸣的机器声中共同工作。1795 年英国有 34 万人在纺纱业工作，到 1830 年，英国每 6 名劳工就有一人从事棉产业。18 世纪最后 20 年，英国棉布出口暴涨了 200 倍，金额从 1780 年的 355060 英镑暴涨了 16 倍，达到 5854057 英镑……

而这仅仅只是开始。人们很快就会发现，西班牙和葡萄牙通过掠夺黄金只不过做了短短百余年的海上霸主，棉花却将带领英国成为全世界数百年的"日不落帝国"。

四、两位玛丽王后，棉花牵动截然不同的命运

假如要详细讲述棉花带给英国怎样的巨额财富和超强实力；怎样令它打败"海上马车夫"荷兰；打赢被丘吉尔称为"真正的第一次世界大战"的"七年战争"，将法国踩在脚下；怎样把西班牙、葡萄牙、荷兰和法国的殖民地一一抢到自己手里，成为领土遍布全世界的"日不落帝国"……那是另一个故事，需要很长很长的篇幅。不如让我们从英国经济学家发出的心满意足的感叹中，感受棉花带给英国的空前盛世：

北美和俄国的平原是我们的玉米地

加拿大和波罗的海是我们的林区

澳大利亚是我们的牧场

秘鲁是我们的银矿

南非和澳大利亚是我们的金矿

印度和中国是我们的茶叶种植园

东印度群岛是我们的甘蔗、咖啡、香料种植园

美国南部是我们的棉花种植园

那些数据和过程太复杂、太枯燥。倒是历史不知有心还是无意地，在这一百余年的时间内，先后在欧洲大陆安排了两位名叫玛丽的王后，用这两位金枝玉叶截然不同的人生轨迹，清晰地向世人展现出了棉花所牵引的一国一家乃至个人的命运。

这两位玛丽王后，一位是法国路易十六的玛丽王后，另一位是英国乔治五世的玛丽王后。

法国的玛丽王后为全世界所熟知，漫画《凡尔赛玫瑰》和电影《绝代艳后》讲的都是她的故事；英国的玛丽王后则是子孙们比较有名，她的大儿子是著名的爱美人不爱江山的爱德华八世，二儿子乔治六世的励志故事则被拍成《国王的演讲》，令科林·费斯拿到奥斯卡最佳男主角，孙女则是"超长待机"的现任英国女王伊丽莎白二世。

两位玛丽王后身上其实有许多相似之处。

首先，她们都出身王室。

法国的玛丽王后 1755 年出生于维也纳，她的母亲拥有奥地利、匈牙利和波希米亚三国的王

位，她的父亲是神圣罗马帝国的皇帝弗朗茨一世。

她从小受尽宠爱，活泼可爱。传说她 7 岁那年，6 岁的音乐神童莫扎特进宫为皇室弹奏了他最拿手的曲子《小星星》。女王问莫扎特想要什么作为奖励，莫扎特回答说，希望能在婚礼上与女王最小的女儿接吻。

英国的玛丽王后 1867 年出生于伦敦肯辛顿宫。跟法国玛丽王后显赫的父母相比，她虽然也贵为王室成员，是乔治三世的孙女，但家族处于王室的边缘地位，并不太受重视。她长着一头黑发，不算美丽，总是紧锁的眉头让她显得严肃死板，特有的冷漠眼神也仿佛时刻拒人于千里之外。

两位玛丽王后的婚姻也都是被指定好的，而且都经历过一番波折。

法国的玛丽王后 14 岁嫁进凡尔赛宫。王子和公主婚后的生活却一点也没有童话色彩，连新婚夜都没有圆房，玛丽王后整天生活在婚姻有可能会被作废的压力下，直到 7 年后才终于生下了第一个孩子。

英国的玛丽王后 24 岁时被维多利亚女王看中，成为艾伯特王子的准新娘。然而，就在婚礼前夕，艾伯特王子突然患上重疾不治身亡。所幸维多利亚女王依然很满意玛丽，经过整整一年的哀悼，在王室的安排下，玛丽嫁给了前未婚夫的弟弟乔治王子，也就是后来的乔治五世。

作为天生的"白富美"，两位玛丽王后自然都过着奢侈的生活。

法国玛丽王后的奢侈是众所周知的。

她的丈夫路易十六害羞、胆怯甚至喜欢避世，沉迷于制作铁锁，在凡尔赛宫里专门搭建了一间近百平方米的、全法国顶级的五金作坊。能够自由出入他寝宫的不是大臣也不是美女，而是民间铜匠加曼。作为从小受尽父母宠爱的小公主，玛丽独自身处异国，受到丈夫冷落，只好把时间和精力都放在穿衣打扮上，按照自己的喜好，过着奢侈的生活。

她改变了法国宫廷等级森严的巴洛克式繁复着装风潮，用粉嫩的水粉色系、飘带、丝缎、羽毛和荷叶边等一系列在当时被认为"极度轻浮"的元素，成为当之无愧的"洛可可"女王，引领了法国甚至整个欧洲的时尚潮流。

很多人说玛丽王后推动了法国时尚出版业的发展。在照相机还没有发明出来的时代，记者们必须兼职当画家，将他们在街上所见到的人和事件，以插画的形式展现出来，大概每过 10 天左右"出版"一本杂志。而玛丽王后每一次惊艳的出街都会造成时尚和社会的舆论轰动。她从不重复穿着同一套衣服，换装速度令人应接不暇，直接导致记者们将记载她时尚装扮的杂志出版频率提高到每一天出一本。

据记载，1780 年这位玛丽王后购置了 170 条裙子，1783 年又购置了 200 双鞋，一夜之间就可以把一年的王后年金用光。她写给丈夫的文件上永远只有三个字：请支付。坊间传闻，有一个季节她忽然淘气地不想做换季新衣了，使法国丝绸业随即面临倒闭危机。

英国的玛丽王后则不苟言笑，保守自持，在时尚方面没有特别建树。不过，在她严肃的外表下却有一个出乎意料的爱好。

大概是从父亲那里继承了德奥王室对于贵重珠宝的审美情趣，英国的玛丽王后狂热地喜欢琥珀、祖母绿与钻石——不声不响，却着实是非常昂贵的爱好。

第一任未婚夫去世后，为了安慰她，维多利亚女王赠送了她多达1500 件结婚礼物。等到她正式结婚的时候，伦敦市民们终于看到了这位低调王妃奢华的珠宝嫁妆——3 顶王冠、26 件手镯、44 枚胸针和 15条项链，全部镶满贵重的钻石和红蓝宝石！《泰晤士报》直接评价："这是王后级的收藏！"

而为了珠宝，两位玛丽王后都曾引发过舆论事件。

法国的玛丽王后 29 岁那年，珠宝商人想把一串红宝石项链（一说是钻石项链）以 160 万法郎的天价卖给她，被她拒绝了。但是，她身边一位擅长打着王室旗号诈骗的伯爵夫人看上了这个机会。

伯爵夫人利用红衣主教德雷萨迫切渴望巴结玛丽王后的心理，声称玛丽王后其实很想买下项链，但国王不许，王后希望能分期付款。主教求官心切，当即跟珠宝商人签下协约，160 万法郎分四次付清——当然由主教垫付。项链由伯爵夫人带去交给王后——当然是进了她自己的腰包，拆散在珠宝黑市上卖掉了。

结果，由于红衣主教未能及时筹齐巨款，收不到钱的珠宝商人直接跑去找玛丽王后诉苦，这一惊世骗局才被揭开真相。玛丽王后关押了骗子伯爵夫人，还认定主教是罪魁祸首，目的是借由这个骗局来诬陷她。她利用王后的特权说服路易十六逮捕并要求处死同样是受害者的主教，引发舆论哗然。

英国的玛丽王后则跟 1905 年发现的全世界最大钻石库里南有着密不可分的关系。

1907 年，体积达到一个成年男子拳头那么大的库里南钻石被献给英国王室，国王将它直接交给了玛丽的丈夫乔治王子。全世界都相信，王子将把这枚巨钻镶嵌在帝国权杖上，作为"日不落帝国"的象征。

加冕大典的当天，大名鼎鼎的库里南一号被镶嵌在国王的权杖上。库里南二号在国王的王冠上找到属于自己的位置。然而最吸引人眼球的莫过于玛丽王后。库里南三号和四号均镶嵌在她的王冠上。后来有研究人士称，加冕大典中玛丽王后的王冠上一共有 2200 颗钻石，身上所有的钻石加起来一共多达 20000 颗！其中包括来自印度的 105.6 克拉巨钻"光明之山"与 22.48 克拉的拉合尔钻石。

尽管有那么多相似之处，但两位玛丽王后在珠宝这件事上引发的舆论结果却背道而驰，命运也截然不同。

"项链事件"导致法国的玛丽王后给民众留下一副颐指气使、挥霍无度、爱慕虚荣，对法国及法国人民的福祉没什么兴趣的形象，各种恶毒谣言四起。几年后，法国大革命爆发，路易十六和玛丽王后先后被推上断头台。他们的儿子被虐待致死，女儿被暴民欺凌。玛丽王后至死也未能摆脱公众认为她奢靡及犯有欺诈的印象，她的尸体几十年后才被人根据脚上未腐烂的袜子从乱尸堆里认出来安葬。

英国的玛丽王后呢？她身上价值连城的钻石不但没让人觉得过分奢靡，她的丈夫和民众反倒一致觉得，珠宝让她平添了摄人心魄的魅力。乔治五世后来还送给她一座珠宝玩偶屋，更是极尽奢靡，里面微型珠宝座钟、珠宝家具、缩微钻石王冠应有尽有，近 2000 名设计师参与制作。福尔摩斯之父柯南·道尔为此特意亲手写了《华生学推理》的迷你书放进去，诺贝尔文学奖获得者拉迪亚德·吉普林则为这座玩偶屋贡献了他的微型手写诗集。

两位玛丽王后，相似的人生轨迹，为何会走向截然不同的人生结局？

法国的玛丽王后从出生到嫁往法国，正好是英国工业革命如火如荼之际。本是欧洲霸主的法国落后于受到棉花之神眷顾的英国，而落后就要

挨打。英国利用"七年战争"一雪前耻，打败了法国，法国从此失去了加拿大、俄亥俄河流域、路易斯安那和塞内加尔的商站，在印度也丢掉了大片殖民地——法国变穷了。为了

报复英国，法国又不顾一切支持美国独立战争，国家越来越穷，民众日子不好过，岂能再容忍王室的奢侈？

英国的玛丽王后则幸运地生逢维多利亚时代的英国，正是工业革命带来巨大财富的顶峰时期。她全身穿戴的珠宝价值几十亿英镑，就奢侈程度来说，其实远远超过法国的玛丽王后那几百双鞋子、几百条裙子和一座宫殿。但因为棉花的眷顾，英国人有钱，王后的奢侈并不是多大的负担，反而是给他们添光加彩，令人回味无穷。

在这两位玛丽王后的一生中，围绕她们的是华服、珠宝、舞会和权势，棉花也许只构成她们身上最普通、最不起眼的一件睡袍，然而，她们的命运却被这最不起眼的纤维牵动，走向了完全不同的方向。

五、棉花和热兵器时代：救赎还是惩罚

将法国的玛丽王后推上断头台的那场法国大革命，绞杀了诸多法国贵族及其家眷。一位同样名叫玛丽的税务官夫人却侥幸逃过了大劫，据说是因为她的爱慕者——《马拉之死》的绘者大卫，始终坚持不在她的处决名单上签字。

不过她的全部财产都被没收了，包括她丈夫所有的实验手记和设备——这位玛丽的丈夫就是号称"现代化学之父"的拉瓦锡。

当英国人在棉纺织上获得灵感之际，法国人则在化学上取得了非凡的成就，以拉瓦锡为首的化学家们提出了元素的概念，列出了第一张化学元素列表，提出了物质不灭定律，奠定了现代化学的基础。

拉瓦锡的死令法国著名数学家拉格朗日痛心疾首："他们可以一眨眼就把他的头砍下来，但他那样的头脑一百年也再长不出一个来了。"

所幸法国人对化学的热爱并没有就此被斩断。玛丽后来凭着记忆将拉瓦锡宝贵的研究成果全部整理出来，法国诸多有名气、没名气的化学家也继续着他们热爱的各种试验。

其中一名当时不太有名（对普通人而言）的化学家 H. 布拉孔诺，特别喜欢把各种物质混在一起，看它们能发生什么变化。有一次他把明胶放在酸中加热，得到了一种甜的结晶体甘氨酸；又有一次他捣鼓木屑、亚麻和树皮，从中分离出了葡萄糖……

有时候他也会混合一些危险的东西，比如 1832 年的一天，他就把硫酸和硝酸混到了一起。为此，他做了充分准备，特意系了一条棉布围裙——以读者的敏锐程度，看到棉布的出现，应该就能嗅出这次的试验将会发生一些特别的、会影响人类的大事。

当然布拉孔诺并不知道会发生什么。试验过程中发生了一点小插曲，导致他的棉布围裙沾到了硫酸和硝酸的混合物。所幸量并不大。

秉持勤俭节约的精神，布拉孔诺清洗了围裙，用手提着在壁炉边烤干。

没料到刚靠近火炉，一道亮光闪过，布拉孔诺手里的棉布围裙不见了。像变魔术一样，既没有烟雾也没有灰烬，棉布围裙就这样消失了——被烧得干干净净。

作为一位化学迷，布拉孔诺自然不会放过这神奇的一幕。经过数次试验，他把棉花、淀粉、木材等溶解在浓硝酸中，制出一种遇到火就会没有烟雾、没有灰烬瞬间变成一道闪光的白色粉末。他将这种东西命名为"木炸药"。

当时最常用的炸药还是中国人发明的黑火药。

我们经常能在影视剧中看到使用黑火药的情形，发射炮弹和打火枪都需要拿一根带棉头的木棍擦拭炮筒和枪管，清理黑火药爆炸后的残渣。基本上开几炮、打几枪就要擦一擦，否则炮筒、枪膛就会被堵塞，发射速度慢，非常麻烦。

无烟的"木炸药"显然解决了这个问题。不过可惜的是性状并不稳定，布拉孔诺发表一篇论文后就没再继续研究下去。

1838 年化学家佩劳茨以硝酸处理纸或者棉花也制出了类似的硝化物，即后来被称为"火棉"的物质；化学家舍恩拜则于 1846 年利用硝酸和硫酸的混酸制作了硝化棉，并指出它可以用于制造炸药，他称之为"火药棉"，由此开辟了硝化棉作为工业炸药的前景。

这种白色的纤维状物质爆炸威力相当大，是黑火药的 3 倍左右，而且还没有残留物。由于生产过程中屡屡发生爆炸，导致硝化棉没能量产。

不过由于硝化棉可以胶化成为一种黏稠的液体，一经发明便到处派上了用场，工业上用它作涂料、制造赛璐珞原料（我们现在常见的乒乓球就是用它制成的）。由于它遇到空气会生成一层薄膜，所以当时外科医生也用它涂抹来保护伤口。

1847 年意大利化学家苏布雷罗把浓硝酸、浓硫酸和甘油混合，得到了挽救无数心脏病患者的特效药硝酸甘油。但是，当他想进一步浓缩、提纯这种特效药时，爆炸发生了，他的脸和手都被炸得鲜血淋漓。

当时工业革命正盛，矿山开发、河道挖掘、铁路修建及隧道的开凿，都需要大量的烈性炸药。硝酸甘油爆炸的特性引起若干科学家前赴后继研究，最终，像我们熟知的那样，由瑞典的诺贝尔用硅藻土作为吸收剂稳定了硝酸甘油的性状，使这种全新的"黄色炸药"可以大批量生产运输。他也因此先后于 1867 年和 1868 年分别在英国和美国取得专利。

不过，这种炸药使用时还是不够方便，浸水容易受潮，诺贝尔还想做出更好的。

一天，诺贝尔在实验室里不慎割破了手，当时许多外科医生会用胶化的硝化棉涂抹来保护伤口，诺贝尔也一样，顺手取了一点涂在了伤口上。

这天夜里，诺贝尔的伤口仍然隐约作痛，看到涂在皮肤表面的硝化棉，他的灵感油然而生：能否把硝酸甘油和硝化棉混合在一起，让炸药变成胶质的？据记载，当天凌晨 4 点钟诺贝尔叫醒了助手费伦巴克立刻开始试验。

1875 年，用硝化棉和硝酸甘油制成的新型炸胶研制成功，并首先在英国获得专利。炸胶更稳定，威力更大，使用十分方便，浸水不会受潮，特别适合水下作业，问世后十分受人欢迎，被叫作"诺贝尔特种黄色炸药""特快黄色炸药""爆炸胶""撒克逊人炸药""葛里炸药"等，并成为之后几十年中最畅销的炸药。1887 年，诺贝尔又发明了威力极强且没有浓烟的炸药——无烟炸药。

从此，浸泡过硫酸和硝酸的棉花——硝化棉，开始被广泛应用于军事领域，成为最基本的枪炮弹药的原料，比如子弹、炮弹、手榴弹等，甚至火箭都需要无烟硝化棉作为推进剂。哪怕如今军事科技迅速发展，硝化棉依然是弹药的重要原料。无烟火药不管单基、双基、三基等如何变化，硝化棉都是最基本的一环。

硝化棉使带膛线的枪炮大大增加了射程和发射频率，也就是说，杀伤力更强了。

在硝化棉应用于枪炮前，欧洲在 1756—1763 年曾发生过一场著名的"七年战争"，被丘吉尔称为"真正的第一次世界大战"，当时欧洲主要强国均参与了这场战争，其影响力覆盖了欧洲、美

洲、印度及海上，总共造成了近 100 万人死亡。

在硝化棉应用于枪炮后，1914—1918 年的第一次世界大战，同样也是由欧洲各国发起，连带各自殖民地参加，战争持续时间只有四年，比"七年战争"少了三年，死亡人数却猛增到约 1000 万人，几乎增加 10 倍。

硝化棉应用于枪炮 100 多年来，全球因战争死亡的人数达到 2 亿多。有人将责任通通算到棉花头上，认为棉花是地球上杀人最多的农作物。

棉花真的杀了那么多人吗？

发明炸药的诺贝尔晚年患有严重的心绞痛，医生让他服用含"硝酸甘油"的药物，遭到他的激烈反对，因为他在实验炸药的过程中发现，吸入硝酸甘油蒸气会引起剧烈的血管性头痛。

弥留之际，他说："医生给我开的药竟是硝酸甘油，这难道不是对我一生巨大的讽刺吗？"

无独有偶，发明硝酸甘油的那位意大利化学家苏布雷罗，发现浓缩的硝酸甘油会爆炸后也曾无奈地叹息："一种治疗心脏病的良药，怎么会爆炸呢？这真是不可思议！"

无论是硝酸甘油还是棉花，是用来救人还是杀人，是救赎还是惩罚，都是人类自己的选择。

第 4 章
美国的艰难抉择：雪白的棉花是否必定要以血泪滋养？

一、白与黑：为了纯白的棉花，加剧罪恶的黑奴贩卖

人类是非常容易忘记初心的。当英国人渴望多年的"绵羊"真正降临，棉花的眷顾带给欧洲人前所未有的富足和文明之际，他们开始疯狂追逐财富和扩张势力，似乎完全忘记了当年笼罩在"羊吃人"阴影下瑟瑟发抖的自己，干起了"人吃人"的勾当。

除了疯狂屠戮美洲原住民，压榨殖民地人民，他们还将纯白的棉花种植在了罪恶的黑奴贩卖的基础之上。

黑奴贩卖最初跟棉花没什么关系，跟其他类型的非法人口买卖一样，存在的时间相当久远。1世纪，居住在埃及亚历山大港的一位说希腊语的商人写下《红海回航记》，里面就提到了来自非洲之角（今索马里）的奴隶。

中国唐代文献中也出现了许多关于昆仑奴的记载。在电视剧《大明宫词》里曾有这样一个片段：上元节太平公主初遇薛绍时，彼此脸

上都戴有昆仑奴的面具，太平公主更因无意中揭开薛绍的面具而"一见薛郎误终身"。昆仑奴的面具是长安的流行时尚，当时的长安，昆仑奴和新罗婢一样，是王公贵族身份的标志。

昆仑奴鬈发黑身，个个体壮如牛，性情温良，踏实耿直。据考证，其中大部分是居住在东南亚及南亚地区的矮黑人，属尼格利陀人种；也有一部分是辗转来自北非的黑人，被称为"僧祇奴"。

7 世纪末，阿拉伯人进入北非后，一直把抓来的大量黑人贩运到阿拉伯国家以及波斯、印度等地。

郑和下西洋时，据说领航的人里面有叫作千里眼、顺风耳的昆仑奴，有可能就是被辗转卖到印尼等地，熟悉南洋海域的黑人。

14 世纪，欧洲人开始参与黑奴贩卖，最开始是西班牙人，而后葡萄牙人也开始了这项贸易。到了 15 世纪，航海大发现给非洲黑人带来了更多的惨案。

16 世纪，欧洲的奴隶贩子们发现了"黑三角"——在大海上，加那利寒流、几内亚暖流、北赤道暖流、墨西哥暖流、北大西洋暖流组成了一个三角形形状的环流，为奴隶贸易提供了有利的地理条件。按照这个三角形的洋流方向，奴隶贩子们乘船从本国出发，船上装满盐、布匹、朗姆酒等，可以顺流开到非洲。

在非洲，他们把布和酒换成黑奴，然后再出发，沿着洋流通过大西洋把黑奴带到美洲。

到了美洲，他们把黑奴卖掉，换成糖、烟草和稻米等再度返回出发地，利润非常丰厚。

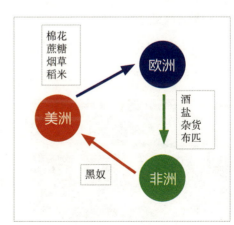

由于贩卖的主要商品是黑人，因此被称为"黑三角贸易"。洋流带来的三角环流使航行条件极为有利，贩卖奴隶的整个过程，不管是出发、停靠、再出发还是回程，简直一路顺风顺水。

有历史学家做过统计，奴隶贩子从"黑三角贸易"中所获得的利润通常在 100% ~ 1000%。

17 世纪时，奴隶贩子从非洲西海岸获得一个黑奴的成本约为 25 英镑，运到美洲以后，他们大概可获得价值约 150 英镑的物品，利润率为 500%；到了 18 世纪，黑奴贸易的利润进一步上涨，在非洲用 50 美元购买一个黑奴后，到了美洲可以 400 美元的价格售出，利润率高达 700%。

黑奴们被卖得最多的地方是美洲，他们被迫在矿井和种植园里从事极其艰苦的劳动。

据统计，青壮年黑奴们在种植园里的平均劳动寿命只有 7 年。矿井里的劳动更为艰苦、劳动条件更差，往往有去无回，亲人往往事先为其送葬。

对这种肮脏的生意，欧洲政府大多数情况下采取了默许的态度。1510 年，西班牙甚至公开出售贩奴特许证，持有此证者方可将奴隶卖到美洲的西班牙殖民地。

葡萄牙奴隶贩子则像抓牛抓羊一样，公然在西非沿海，特别是人烟稠密的塞内加尔河、冈比亚河流域和几内亚湾，围捕黑人。有时候也

狡猾地故意挑唆部落之间发生冲突，然后购买战俘；有时候则无耻地用廉价的商品，诱使当地酋长出卖其子民。

那些无辜的黑人好端端走在

街上、睡在家中，就被猛然套上木枷、脚镣，被用铁链锁在一起，押往奴隶贸易据点，装船运往美洲。

在黄金海岸一带，这种奴隶贸易据点大大小小有三四十个，有些遗址至今犹存。

16 世纪运到美洲的黑奴数量为 90 万人，17 世纪为 275 万人，18 世纪达到高峰——700 万人。无论是奴隶的价格还是人数，都在 18 世纪爆发式地达到顶峰，这跟欧洲和美国棉花种植和棉纺织业的爆发式发展是同步的。尤其是美国独立并成为英国最大的棉花供应国后，一个黑奴在美国南方的蓄奴州可以卖到 600 美元，利润率竟然达到 1000%！

在巨额利润的诱惑下，从 15 世纪中叶开始，由欧洲人主导的黑奴贸易持续了 400 年，到 19 世纪 70 年代，至少有 1500 万黑奴被运达美洲。

由于贩卖黑奴的利润实在太高，所以负责押运他们的人根本不在意"货品损耗率"，简单粗暴的对待，使每 1 个黑奴到达美洲，就约有 5 个黑奴死在非洲大陆或贩运途中。

欧洲人进行黑奴贸易的这 400 年，非洲损失人口多达 2.1 亿。

而其中大约半数（准确数字是 46%）活着被运到目的地的黑奴，在 1780 年之后才到达美洲新大陆——1780 年，正是棉花给予欧美大陆爆发性眷顾的年份。

不仅是英国，18 世纪 80 年代棉花欣欣向荣的巅峰时期，相较于 1770 年，法国的棉价也上涨了 113%。在南美洲的西班牙殖民地圣多明各，为了多种棉花，每年有将近 3 万名奴隶被引进。

事实上，自从机械化纺纱在欧洲大陆流行开来后，黑奴贸易便爆发式猖獗起来，愈来愈多非洲人被手铐、脚镣上身，强押上船，在太子港拍卖出售，送到偏远农场，然后被迫清理土地、播种、锄草、修剪和采摘"白色黄金"——棉花。

据估计，1760 年，美国黑奴为 70 万人；1830 年，美国有 100 万人在种植棉花，相当于美国当时总人口的 1/13，其中大多数是黑奴。到了美国南北战争前夕，南方蓄奴州的黑奴数量已达到 400 万，而南方的总人口也才 900 万，他们绝大多数都被送到棉花田里工作。

黑奴对棉花是没什么好感的。19 世纪中叶，一名从美国南方逃亡的黑奴控诉道："英国市场（棉花）价格一涨，可怜的奴隶会立刻感受到，因为他们被逼得更紧，皮鞭不断抽打下来。"

哪怕是在美国南北战争结束后，蓄奴制度被完全废除，为了保证棉花的生产，黑人们还是遭到种种不可思议的逼迫。就好像 1865 年路易斯安那州有一位管理自由人事务的官员说，各地获得自由的黑人有必要"被迫要工作，在执行上，他们要签订自由、自愿的合同"。

"自由地被迫"，多么荒谬！

对于这件事，马克思说道："美洲金银产地的发现，土著居民的被剿灭、被奴役和被埋葬于矿井，对东印度开始进行的征服和掠夺，非洲变成商业性地猎获黑人的场所，这一切标志着资本主义生产时代的曙光。"而毛泽东更是一针见血地指出："万恶的殖民主义、帝国主义制度是随着奴役和贩卖黑人而兴盛起来的，它也必将随着黑色人种的彻底解放而告终。"

大学里枯燥的哲学课程总是令人昏昏欲睡，但在这些具体而关键的问题上，马克思和毛泽东确实看得很清楚。黑奴数量最多的美国，即将迎来一场由棉花引起的事关生死存亡的抉择：雪白的棉花是否必定要以黑奴的血泪作为滋养？

二、黑奴种出来的棉花，曾拯救独立后贫穷的美国

棉花是公认的世界上第一个全球化的贸易商品——这句话的意思并不仅仅意味着它被卖到世界各地，而且意味着全世界都围着它打转。

18 世纪末，英国人埋头解决了国内棉纺织业遇到的所有问题，实现了棉纺织业全面工业化后，突然发现棉花不够用了，仅 1800 年一年他们使用的生棉就达到 5600 万磅。

再高明的工业革命也不能解决欧洲不适合种棉花这个先天缺陷。棉花适合生长在干燥和多沙的土壤里，分为长纤维棉花和短纤维棉花。长纤维棉花又细又长的丝状纤维适合作为经纱，短纤维棉花的纤维则多作为纬纱。

有人说，整个英国，适合种棉花的地方只有一个——温室。

法国人不信邪，试了好多次，均以失败告终。

英国最初是通过地中海地区国家和黎凡特公司获得原棉。18 世纪之后西印度群岛的棉花开始进入英国，成为英国最重要的原棉供应地。

然而工业革命后，这些地方提供的棉花完全不够用。为了"喂饱"日夜不停转动的机器，英国人开始牵着全世界围绕棉花打转。他们对棉花的旺盛需求，导致当时全世界范围内，只要是气候和土壤适宜，每个地方都想种植棉花。

奥斯曼土耳其帝国原本一直都在给英国供应棉花，爆炸性的需求令地主们不得不从希腊引进成千上万的劳工来种棉花。

英国又找上了巴西。最先是马兰汉棉花，但由于质量低劣、弹性不足、承受力太小、难以清洗等原因，很快被质量广受好评的伯南布哥棉花所替代。

巴西此时是葡萄牙的殖民地。葡萄牙殖民者迅速抓住风向，鼓励

当地多种棉花，尤其是东北部的伯南布哥和马兰汉地区，为了种棉花还进口了大量黑奴，导致有人感叹：白棉使马兰汉变黑！

棉花来源的问题，最终由独立后的美国解决了。

美国所在的美洲，是孕育玛雅文明之地，天生就有适宜的气候条件和优良的种植水平，种出来的棉花质量很高。不过，独立战争前，美国南方广大的种植园还是以种烟草、蓝靛和稻等为主。

独立战争爆发后，美国跟英国闹翻，受到了严厉的贸易限制，大宗商品的出口量急剧下滑。独立前北美每年运往英国的生铁为 3929 吨，独立后一度下降到 797 吨。烟草、稻米和蓝靛的出口就更不用说了。商人、农场主纷纷破产，普通人也很难从英国和它的殖民地（包括印度）获得棉布等生活用品，经济上非常穷困，极有可能坠入其他殖民地国家穷苦落后的老路上。

当时，"美国该向何处去"成为报纸讨论的焦点。

在这危难的时刻，美国人发现了棉花的重要性。英国和欧洲极度需要棉花，即使已经跟美国撕破了脸，英国人面对美国商船运来的棉花还是会展现出毫无芥蒂、无比欢迎的态度。

美国的种植园主立即改弦易辙，拔掉烟草种棉花。用他们的话来说，至少"让我的黑奴有衣可穿"，能卖给英国挣钱自然更好。

尽管美国南方遍布种植园，种烟草跟种棉花的技术也有相同之处，黑奴们很容易掌握，但是，横亘在美国跟棉花之间的，还有一只拦路虎。

美国南方只适合种植高地棉。这种棉花的纤维短，棉籽只能靠人工用手指剥离。一个黑人奴隶分秒不停地紧张劳动一整天，也未必能清拣 1 磅棉花，这让棉花生产的成本变得很高。

但是棉花之神十分慷慨地眷顾了这群将希望寄托在它身上的人。当英国人兴致勃勃地围绕棉花纺织进行发明创造时，灵感也降临到了美国。

　　美国独立战争中地位仅次于乔治·华盛顿的出色统帅格林将军，在独立后功成身退，归隐佐治亚州萨凡纳山庄，可惜 40 余岁就去世了。山庄的管理工作压到他的遗孀格林夫人肩上。

　　格林夫人聘请了一位耶鲁大学毕业生做家庭教师兼管理种植园。1792 年秋天，他们遇到了这位家庭教师的大学师弟伊莱·惠特尼。

　　伊莱·惠特尼是一位破产商人的儿子，动手能力特别强，十来岁就会自己做小提琴，父亲破产后他还自己开过钉子厂、雨伞厂等工厂。上耶鲁大学的学费也完全是自己攒的。家庭教师特别欣赏他，向格林夫人推荐了他。

　　格林夫人邀请惠特尼去自己的庄园住上一阵子，惠特尼欣然接受。他一到庄园就发挥心灵手巧的特性，给格林夫人做了几样别致的家具，大受好评。

　　有一天，格林夫人面对种植园里大片的土地发起愁来。她希望能

多种棉花，多赚钱，但实在无法解决清理棉籽的难题。

惠特尼听说后，对格林夫人说："让我来发明一种机器，加快这项工作。"

仅仅十几天后，这位天才就拿出了轧棉机模型。此后经过 6 个月的试验和改进，功效强大的轧棉机研制成功了。

1793 年 4 月 12 日，惠特尼向大家展示了这台轧棉机的神奇效果。机器构造简单，但构思精巧，主体为一个圆筒，筒壁安装有大量钢齿。圆筒旋转时，钢齿强行将棉绒从棉籽上撕扯下来，并运用离心力把棉籽滤除，将棉花纤维抛出。

使用这台机器，一个人一天就可以轧出 50 磅籽棉，相当于过去将近两个月的量。后来这台机器又加上了水力或蒸汽驱动，一个人一天就可以清理出 1000 磅籽棉，而且比手工方法摘得更干净。

惠特尼制造了一种彻底改变美国命运的机器，后代的历史学家称他为"机械时代的教父"。

整个美国都为这台机器的出现而狂热，很快就有人将惠特尼制作的第一台轧棉机偷走了。

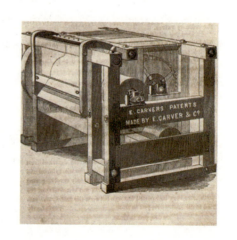

横亘在美国和棉花之间的最后障碍被清除，棉花成为美国"最有价值的商品农作物"，也成为当时全美国唯一的大宗出口货物。

按重量计算，轧棉机发明的前

一年，美国棉花出口量不到 14 万磅；轧棉机发明的第二年，棉花出口量超过 627 万磅，短短不到 3 年间增长了近 45 倍。

美国棉花产量在此后平均每 10 年就要翻一番，1860 年达到 20 亿磅。

英国从此有了最重要、最稳定的棉花来源地。而美国也依靠棉花摆脱了独立之后的经济困境。不过，这些棉花都是黑奴们在皮鞭和毫无自由的禁锢中生产出来的。

三、美国南北战争：被棉花拖延、加剧的矛盾

对于将黑人作为没有情感的奴隶横加奴役这种事，许多有良心的人一直在努力消除这种不公。英国尽管一直享受着美国黑奴们种的棉花带来的福利，不过它本土早在 12 世纪初就将奴隶制度定为非法。

但从 18 世纪开始，黑奴进入伦敦和爱丁堡，作为英国人的仆役存在。这些黑奴往往并非买卖而来，所以法律地位一直含糊不清。

1772 年，伦敦一个名叫詹姆斯的黑奴从主人家中逃跑了。

他的主人很快将他抓回去，而且很生气，后果很严重，詹姆斯将被卖去牙买加的种植园，从事艰辛折寿的种甘蔗工作。

不过，这名黑奴在逃跑期间做了一件事：受洗成为基督徒。他的教父得知他被关在一艘船上，立即以"人身保护令"向法院提出诉讼，要求还他自由。

1772 年 6 月 22 日，当时的法官曼斯菲尔德勋爵在判决这个案子时说："奴隶制无法从道德或政治上找到任何根据……它如此可憎，除了立法之外，没有任何东西可以支持它。无论我的裁决会给当事人带来何种不便，我都无法说英国法律允许或批准它。因此这个黑人必须释放。"

这一判决不但让詹姆斯获得自由，而且令英格兰境内的数万名黑奴得到解放，也导致了英国各海外殖民地的废奴运动的兴起。

法国则早在 1315 年就由国王路易十世宣布："法国代表自由。"任何人只要踏上法国土地，就是自由人。

这股废除黑奴制度的风潮，自然也吹向了美国。在筹备建国的时候，杰斐逊就打算在《独立宣言》里把反对奴隶制的条款加进去，但是，由于南方的种植园主在独立战争中同样立下汗马功劳，最终华盛顿等人决定还是先缓缓，暂且不提这茬。

当时南方种植园种的主要作物烟草、蓝靛等出口贸易日益衰落，昔日著名的烟草出口港乔治顿、诺福克、约克敦等纷纷衰败。华盛顿等人认为，就像这些港口一样，蓄奴制不符合社会发展潮流，同样也会很快自己消亡，只要再等等，时间自然可以妥善地解决这个问题。

不过《独立宣言》里"人人生而平等"的思想还是为解放黑奴埋下了伏笔。北方的宾夕法尼亚州于 1780 年第一个解放了黑奴，北方其他各州也纷纷跟进。

美国人万万没想到，跟英国的棉花贸易是一柄双刃剑，既拯救了独立后贫困的美国，也挡住了蓄奴制度自动消亡的脚步。

1802 年，美国成为英国最大的棉花供应地，南方种植园的奴隶主们赚得盆满钵满，蓄奴制度不但没像华盛顿等人想的那样自然消亡，反而起死回生了。

伊莱·惠特尼发明的轧棉机更是给蓄奴制度打了一针强心剂。到 1857 年，美国南方生产的棉花数量已经跟在棉产业上当了几千年老大的中国并驾齐驱，南方的种植园主不但不想废除奴隶制，反而纷纷投资买进更多黑奴、鼓励黑奴们多生多养，准备建更大的种植园。

美国北方资产阶级可就等不下去了。因为北方不生产棉花，玩的是开厂、开店、开银行、开证券公司，不需要任何奴隶，反倒希望有更多自由劳力进工厂当工人。而且当时美国工业相对比较弱，北方资产阶级希望国家提高关税，免得受到英国和其他国家的工业品冲击；南方的种植园主出口棉花，却恨不得所有国家没有关税才好。北方资产阶级喜欢高工资，南方的种植园主却巴不得不给黑奴一分钱……

种种针锋相对令南北方对立、分裂。

南方的种植园主为棉花产量创新高欢欣鼓舞的 1857 年，发生了著名的斯科特判决案。黑奴斯科特提出诉讼，认为黑奴只要到了自由州，就可以获得自由。法院判决斯科特无法获得自由。北方人怒不可遏，宣称判决无效。

南方人不甘示弱，认为黑奴连公民都不是，根本无权提出想要自由的诉讼，更企图将奴隶制扩展到美国全部领土。

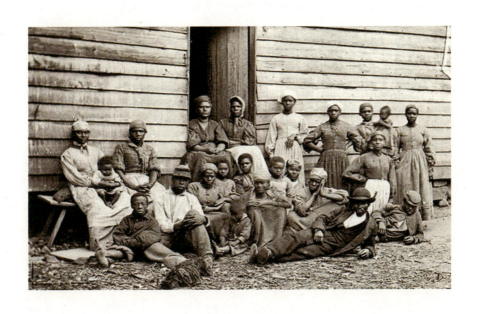

北方人更生气了，约翰·布朗直接带人去南方武装解放黑奴……

冲突不断升级，棉花拖延了双方的矛盾，却最终导致南北方的矛盾不再可能通过时间而必须通过战争来解决。1861 年，造成 62 万士兵死亡、40 万士兵伤残的美国南北战争正式爆发。

四、棉花差点左右了美国南北战争的结果

（一）棉花开始拧痛人了

从我们现在所了解的历史来说，美国南北双方开战后，由于这样那样的原因，英法等国全都保持了最大的克制，始终没有介入。事实上，在那 1400 多天里，有许许多多的时候，欧洲诸国都徘徊于到底要不要蹚这趟浑水的边缘。其最主要的原因，自然还是棉花。

美国南北战争真正爆发于 1861 年 4 月。仅仅几个月后，夏末的时候，美国驻英大使就在写给儿子的信中说："这个棉花问题开始拧痛（英国）人了。"

明明是美国人打美国人，为什么却拧痛了英国人呢？

首先我们已经知道，英国超级依赖来自美国的棉花。早在 1838 年格拉斯哥商业暨制造工会就尖锐地提出过警告，要大家注意这个惊险的事实："英国几乎完全依赖外国供应这项物品（棉花），现在它的需求已不亚于面包。"1850 年，一位英国观察家估计，全英有 350 万人从事棉花产业，他们全都要看美国种植者的脸色，以及这些种植者是否能掌控美国的政治。

其次，美国南方的种植园主虽然称得上大地主，但思维上小农气

息浓厚。他们沉浸于棉花带来的便利之中，一心只会买黑奴、种棉花、卖棉花，其他的一概漠不关心，包括怎么把棉花运出去这种事，他们的思维都非常简单：在种植园和港口之间修铁路就好了啊，为什么要修到北方？为什么要修到穷得叮当响的西部？

所以当北方已经铺设了 22385 英里的铁路时，南方的铁路只有 8783 英里，仅有北方的 1/3 多一点。这就导致南方棉花的运输、销售和进出口等各个环节都被控制在了北方资产阶级手里。

位于北方的纽约最初就是靠进出口贸易发展起来的，出口的产品 55% 都是来自南方的棉花、大米和烟草。南方的新奥尔良虽然有地理位置上的天然优势，但是一直到 1860 年，出口额仅有纽约的 1/10。

美国历史学家 C. 伊顿说："南方交易中的每一个美元，其中 40% 都被北方人摄取了。"

40% 的命脉都掐在别人手里，南方一旦想独立，北方自然就可以不让它的棉花运到英国。这一招不仅掐了南方，也拧痛了英国。曾有英国议员主张承认南方邦联从美国独立出来，理由是这关系到兰开夏郡纺织工人的命运和他们需要的棉花。

作为主要接收美国棉花的港口城市，利物浦商界同样支持南方，而且一厢情愿地认为，天底下再也没有任何力量能把南北两部分统一起来，北方联邦"绝对不可能"胜利。

法国人更沉不住气。阿尔萨斯纺织业发达地区的人直抒胸臆："从商业角度看，南北分立对我们是个福音，因为南方乐意与欧洲做生意。"

拿破仑的三弟路易·拿破仑和美国驻巴黎公使谈话的时候，直接

就说起棉花，盼望"贵国政府能有些行动，以缓和因缺少棉花在此地出现的困难"。

德国的态度也差不多，他们的经济学家认为：美国北方以及西部消失，比不上南方的消失对世界来得重要。

事实上美国北方比南方强大太多。北方有 23 个州，人口达 2234 万；南方只有 7 个州，人口只有 910 万，其中还有 380 多万是渴望自由的黑奴。北方有发达的工业，年产值 15 亿美元，有 130 万工人，22000 多英里的铁路网和充足的粮食；南方工业薄弱，年产值只有 1550 万美元，工人仅有 11 万，铁路也只有不到 9000 英里。而且，南方擅自决定独立后，不像北方有中央财政支持军费，筹措战争费用也是一个难题。

南方人天才地再次想到了棉花。他们不仅用棉花出口换汇，而且以棉花做后盾发行了一种新债券，受到法国、英国和荷兰等国的欢迎。有了棉花的"加持"，这批债券的收益率很硬，预计是 7%，即使南方连连败退，它们的价格还是在不到一年时间就翻倍了。

然而，南方成也棉花，败也棉花。

南方人对自己的棉花不是一般的有信心，而是到了"恃棉行凶"的地步。南卡罗来纳州一位身为种植园主的议员公然表示：如果以奴隶劳动力为主导的棉花种植受到威胁，英国会一头栽倒，把整个文明世界一起拖下水。

南方许多种植园主和他的想法一样，他们认为既然掌握了棉花，自然就是掌握了英国，四舍五入就是掌握了全世界啊，"掌握指挥现代文明的杠杆！""世界上没有一个国家敢对它宣战，棉花就是国王！"

过分自信往往导致"作天作地"，而且，这种作的劲头还特别喜欢用在支持、欣赏他的人身上。

本来，英国政府碍于国内种种情形，明面上不能干涉美国内战，暗中却定下了扶持美国南方邦联的政策。美国南方邦联却觉得，这远远不够，必须迫使英国更旗帜鲜明地支持他们。于是，继北方掐住了南方40%的命脉后，南方又自己把剩下的60%掐上了。

南方邦联干脆下令，一包棉花都不许出口到英国利物浦港。好让英国尝尝失去他们的滋味，然后更加珍惜他们，倒向他们。

这种一哭二闹三上吊的手段杀伤力很大。棉花价格从每磅61.4美元飙涨到271.4美元，出口数量从1860年的260万包锐减到1862年的不到7.2万包。

没有棉花供应，多快多好的机器都只能停工，英国从兰开夏到曼彻斯特，每个棉纺织厂动辄几百上万的工人们也就无所事事。到1862年年末，英国半数的棉产业工人不得不被解雇，兰开夏总人口的1/4处于穷困潦倒等待救济的状态，被称为"棉花饥荒"。

美国南方人高估了自己的分量，却低估了棉花的重要性。

即使成为当时的地表第一强国，英国人面对棉花依然是心里没底的。美国南方邦联这次的手段令他们心寒、心慌。

北方统帅林肯很清楚棉花在这场冲突中的分量。他在1861年表示：叛军用来鼓励外国抵制我们的主要利器……就是商业的困难。美国外交官们一再提醒政府，欧洲对棉花的迫切需求。

当南方人利用棉花去逼迫英国人，令英国人痛苦不堪之际，北方人敏锐地抓住了英国和其他欧洲国家的痛点。林肯新任命的驻英大使亚当斯告诉英国人：世界上有好些地方劳动力很充足，也很适合种棉花，譬如印度和埃及。南方人不给你们棉花，正好是其他棉花生产国崛起的机会，可以永久瓦解南方几近垄断的地位。

这话一下子就说进了英国人心窝里。

利物浦著名的棉花产业世家霸菱家族观察到了英国政府对美国南

方的态度转变：如果我们从印度得到大量（棉花）进口，美英之间就不太可能爆发战争。

其他国家也纷纷如梦初醒，重要的根本不是美国南方，而是棉花。如果谁阻碍他们获得棉花，哪怕是美国南方，谁就是真正的敌人。

各国纷纷各自去另找、另行培育产棉地。

到 1863 年，兰开夏郡已从中国、埃及和印度找到了新的棉花来源。

至此，失去棉花"加持"的南方种植园蓄奴制度彻底失去了存在的理由。

其后的事实证明，关于雪白的棉花是否必然要用黑奴的血泪滋养这件事，美国在分岔路口上做出了最正确的抉择，这个抉择直接攸关国家的荣辱盛衰。

美国南北战争结束后，黑奴的解放并没有像人们之前担心的那样使美国棉花减产，重创美国经济，反而为美国经济的腾飞扫除了障碍。

美国南北战争后农业科技的推广，使美国包括小麦和棉花在内的农作物生产效率十几二十几倍地提高。

以美国南方最大的州得克萨斯州为例，当地夏天温度基本在 40 摄氏度以上，酷热难耐；春秋时一天的温差可以达到 30 摄氏度以上。其西部更是荒无人烟，土地贫瘠，天气不是热得要死，就是风暴或者冰雹肆虐。拉伯克附近更是被形容为景象如同月球表面，没有山，没有草木，没有过往的汽车，空旷到令人不适和恐惧。当地人传说，上帝在创造西得克萨斯时犯了个错误，忘了为它装饰上山丘、山谷、河流和树木。

但是美国南北战争后，在政府强有力的公共政策和补贴措施、机械化的应用、科学研究的辅助下，得克萨斯州尤其是西得克萨斯的棉花种植得到了长足发展。1890 年得克萨斯州已经是美国最大的棉产地，但在当时，这些棉花实际上都产自它的东部，与南部的种植园接壤。到了 20 世纪初，一种新型的棉花工厂在西得克萨斯发展起来了，拉伯克成为棉花生产"硅谷"的中心，得克萨斯州科技大学最初的成立就是为了支持棉花种植业和纺织业。

农场主、私人企业和大学、美国政府之间形成了高度共生、良性循环。农业部为农业研究和农场主提供资金、技术以及商业支持；受过教育且拥有创业精神的农场主们对大学和企业的研究事业做出贡献，也从中获益。农场主用拖拉机代替了骡子，用化学方法代替人工除杂草，甚至连采摘棉花都用机械替代了人力，机械化作业不断提高棉花的产量……

如今，拉伯克已经成了名副其实的"世界棉花之都"，拥有世界最大的棉花合作企业和全世界最大的棉籽油工厂，过去的不毛之地如今的产棉量约占全美国棉产量的 30%。

铁路的大肆铺排，也为棉花在原本荒凉的西部亚利桑那州等地找到了更广阔的生长场地，现如今，西部的亚利桑那州、加利福尼亚州和新墨西哥州是美国高等级棉花的生产基地，生产许多高品质棉花。

美国经济的黄金时代在内战后降临。短短 30 年内，美国一举超过了它以前的"宗主国"英国及其他先进国家，成为首屈一指的工业大国和农产品输出国。经济学家如是描述美国农业的欣欣向荣：

美国农业一次收成，就可以把比利时王国的一切连同国王一起买到手；五次收成，能够把俄罗斯帝国从沙皇手里买来。

而且这种优势一直保持到现在。今天美国依然是农产品出口大国，棉花产量基本都保持在世界前两位；棉花出口量也几乎一直保持着世界第一位，每年出口额基本在 150 万吨以上，约等于 330 亿磅，远远超过南方的种植园主 1862 年自豪的最高产量 230 亿磅。

棉花从不需要任何人的血泪滋养。压榨他人才能令自己富足，那是人类自己的贪婪和怯懦生出的虚妄执念。棉花永远只是它自己。

（二）受棉花影响的其他国家

美国南北战争引起的"棉花饥荒"，影响的并不只是欧美国家，全球都被它牵动，发生众多变化。

埃及：

在埃及的尼罗河三角洲，奥斯曼土耳其帝国总督一意识到美国南北战争造成的棉花空缺，就迅速把他辖下的广大土地转变为庞大的棉花农场，想通过出售棉花到世界市场，实现埃及现代化的长期计划。

为了种植和运送棉花，埃及新铁路、新运河、新轧棉机、新打包机一一出现。到 1864 年，埃及 40% 的沃土都已经变为棉田。1860—1865 年的五年间，埃及的棉产量从 5010 万磅增加到 25070 万磅，足足增长 5 倍之多。

这是非常重大的永久性经济变化。埃及历史学家也因此将美国南北战争列为埃及 19 世纪史上最重要的事件之一。

埃及的棉花出口量增加 14 倍，更像是一场"经济革命"。总督 1862 年前往曼彻斯特访问时，受到英国人英雄式的欢迎。

然而，由于过分依赖棉花，原本出口谷物的埃及变成依赖进口粮食。1863 年夏天疫病流行，埃及牲口几乎全部病死，粮食危机爆发，几万名农民灰飞烟灭。

埃及最底层的棉田工人几乎永远欠放贷人和地主的钱，被债务压

得喘不过气来；地主的钱则是从商人那儿得到的融资。这些商人不少是外国人。埃及全国最大地主伊斯迈尔同样债台高筑。

尽管不断压迫埃及人民为出口市场拼命生产，埃及整个国家最后还是破产了。债务逼得埃及整个被英国控制，棉花收入大降，埃及连付利息都困难，失去主权控制，终于在 1882 年被英国政府接管。

俄罗斯吞并中亚：

美国南北战争爆发后，俄罗斯的棉花供应也被中断，中亚的棉花成了唯一的来源，几年间中亚出口到俄罗斯的棉花增加了 5 倍。

这块离印度不远的肥肉，英国自然也惦记上了，开始在中亚动作频频。

俄罗斯认为自己的棉花利益受到了侵害，于是先下手为强。1865年，俄罗斯出兵占领塔什干以及中亚浩罕汗国等地，也就是现今的吉尔

吉斯斯坦、哈萨克斯坦、土库曼斯坦、塔吉克斯坦、乌兹别克斯坦五国，将它们变成了自己的重要产棉地区。

1869 年，集俄罗斯多种行业于一体的俄罗斯工业协会多次发表陈情书，利用舆论造势，要求政府加深对中亚的介入，这样既是为俄罗斯产品增创市场，也为棉花增辟来源。

1871 年俄罗斯官员说："我们所有努力的目标，都是为了从我们国内市场上赶走美国棉花，换上我们自己的中亚棉花。"

俄罗斯在中亚发动大规模基础设施建设，兴建铁路。过去中亚地区运输棉花靠骆驼，有时候需要 6 个月才能到达最近的火车站。现在同一行程只需要 2 天。

俄罗斯还赞助种子培育场，派专家协助中亚农民改进农业技术。此外，还开始大规模兴修水利设施，并派官员到美国考察棉花种植技术，将买回来的美国棉花种子分配给中亚农民。

到 19 世纪 80 年代，中亚半数以上棉花是美国品种。

1902 年，一位英国旅行家观察到种植棉花似乎已经成为中亚所有居民的主要职业。俄罗斯在棉花上取得的成果令其他欧洲国家羡慕嫉妒恨。德国经济学家奥古斯特·艾蒂安衷心表示佩服俄罗斯："以快速的脚步无可撼动地完成其目标，使俄罗斯棉花产业完全脱离美国而独立。"

到 20 世纪 20 年代，中亚棉花贸易中心浩罕成为"棉都"。20 世纪 90 年代末，俄罗斯则成为世界最重要的产棉国之一，排名第五，仅次于美国、印度、中国和埃及。

（三）罗斯柴尔德家族：错过投资美国等于错过全世界

美国南北战争期间，南方邦联为了发行以棉花为背书的债券，尽可能筹集军费，声称他们已向罗斯柴尔德家族求助，1864 年的《芝加哥论坛报》说："贝尔蒙特、罗斯柴尔德家族，以及所有的犹太人……都一直在购买南方邦联的债券。"

他们宣布，这个世界上最强大的金融家族一定能帮助他们打败北方军队，如同过去这个家族曾帮助威灵顿公爵在滑铁卢击败拿破仑军队一样。

这里提到的罗斯柴尔德家族正是中国人熟悉的地表第一神秘家族。

据记载，当拿破仑与英国威灵顿公爵在滑铁卢决战时，罗斯柴尔德家族比其他所有人提前一天得到英国胜利的消息，却靠演技忽悠伦敦股票交易所的投资者恐慌性抛售英国公债，自己则疯狂买进。等第二天威灵顿公爵大败拿破仑的消息正式传到伦敦，罗斯柴尔德家族已经狂赚 20 倍，超过英国和法国在几十年战争中积累的财富总和，以至于有人认为他们家族在暗中帮助威灵顿公爵取胜，由此操纵世界 200 多年。更有人怀疑他们为了集聚财富，不惜在幕后策划了两次世界大战，制造经济危机、石油危机……

其实这些耸人听闻的传说许多来源于二战前纳粹为了挑起对犹太人的仇恨而造的谣。罗斯柴尔德家族并没有传说中那么贪婪。美国南北战争爆发时，罗斯柴尔德家族尽管正处于巅峰时期，金融生意扩展至全欧洲，而且他们的美国代理人跟南方邦联选出来的总统杰斐逊·戴维斯关系很好，但事实上他们谨慎地选择了解除南方邦联的债券。

"这笔贷款投机性太强，会引来更多疯狂的投机者……我们没有听说过任何有名望的人做过这种交易。"

罗斯柴尔德家族之所以如是选择，一方面的确因为南方邦联的信贷风险非常高。南方邦联选出来的总统还在做参议员的时候就公开主张拒绝偿付州债务，后来的结果也验证了这一点。随着南方邦联的重要港口被北方军队攻占，想把作为抵押物的南方棉花运给投资人，就不得不突破北方军队的封锁，这种封锁不是一道，而是两道。投资人根本无法拿到他们的抵押物棉花，损失惨重，最后一无所有。

罗斯柴尔德家族之所以成功避开风险，还有一个令人啼笑皆非的原因：他们根本就不重视美国市场，干脆趁着战争期间撤走了在美国的大部分业务。

这就导致他们并没有享受到美国南北战争后更加丰饶的棉花、棉纺织以及其他工业、科技高速发展的成果。

20 世纪，美国通过两次大战，成长为世界第一强国，罗斯柴尔德家族却依然将投资重点放在已然衰败的欧洲。迟至 1967 年，罗斯柴尔德家族在英、法两国的分行才在美国纽约设立了银行机构，主要提供并购咨询服务。

在经济学家看来，如今的罗斯柴尔德家族只能算是一家三流的投资公司，"其市场地位与影响力目前已可以说微不足道。无论是按股票与债券承销、交易及企业并购业务的市场份额，还是按旗下所管理金融资产的规模，该公司都往往排不上国际前 10 名，更谈不上呼风唤雨、主宰全球金融市场了"。进入 21 世纪以来，即使利润最好的年头，罗斯柴尔德家族的收益也只有 1 亿美元，还不到高盛的 1/100。除了遭受纳粹的无情打压，失去了投资美国的机会才令他们失去全世界。

第5章
棉花颠覆东西方的地位

一、棉花产业链条绞杀印度

翻开 18—19 世纪的历史，总是会令中国人格外憾恨。

世上最令人沮丧的，不是我们不能，而是我们本可以。

棉花之神也曾眷顾过中国，欧美人在棉花种植和纺织上的种种发明，中国人也曾展现出惊人的创造力。单单是黄道婆，就把中国的棉纺织业从轧棉到纺织，全方位立体化地进行了一次革新。美国惠特尼发明的轧棉机，跟黄道婆发明的机械原理差不多，时间上却晚了近 500 年。

哪怕到了 1800 年，英国纺纱工人一年处理的棉花总量，也只是中国织工 50 年前处理的棉花总量的 1/420 。

40 年后，时间无情地来到了令中国人难以释怀的 1840 年。

鸦片战争暴露出过去几千年一直走在世界前列的天朝上国的现实处境，统治这片国土的清政府已经被迅速变强的欧美诸国"弯道超车"，虚弱到不堪一击。

假如没有那场战争的胜利，也许连英国人自己都并未意识到，棉花的眷顾究竟令他们变得有多强。此时，由棉花引发的工业革命固然给英国带来了巨额财富和进步，让他们打赢四次英荷战争，终结了荷兰"海上马车夫"的黄金时代，成为新的海上霸主；又打赢了"第二次百年战争"，彻底打败法国，称霸欧洲；让他们在世界各地拥有多处殖民地，号称"日不落帝国"……但要一个两百年前还穷得叮当响的小国想象自己打败几千年来的老大，其难度打个不恰当的比方，大约像某天我们突然听说菲律宾打败了美国一样不可思议。

其实，在击败清政府之前，英国的棉花产业就已经用它产业链上的最后一环——销售，几乎彻底摧毁了印度。

1806 年，英国基本完成了棉纺织业机械化、动力化，使用蒸汽发动机的织布工厂不断增加。英国棉布产量和质量大为提高，图案美丽、色泽亮丽的棉制服装不但舒适暖和，而且价格低廉、外观精致，成为欧洲上流社会竞相追逐的对象。

稍稍有一点商业常识的人都知道，当怎么生产以及怎么保证生产的所有问题解决了之后，剩下最重要的一个环节，就是怎么把东西更多、更贵地卖出去。

1774 年，英国发现自己已经具备打破世界纺织品格局的能力，毫不犹豫地废除那些禁止从印度进口棉布的法案，反过来对印度的市场发起了进攻。

起初，印度精细加工的高端棉布尚能保持领先的地位。随着英国棉布质量不断提高，1814—1835 年，英国输往印度的棉布增加了 62 倍，同期印度输往英国的棉布则减少 3/4。

印度棉纺织业迅速崩溃，许多城市遭遇灭顶之灾。在著名的棉纺织业城市达卡（今孟加拉国首都），1827 年有人口 15 万人，8 年后便锐减了近 12 万，仅剩下 3 万多人。

"这种悲惨的境况，在商业史上是前所未闻的。棉纺织工人的白骨使印度平原都白成一片了。"英国驻印度殖民总督威廉·本廷克在日记本里如此写道。

1840 年，英国下议院特别委员会询问英国商人麦尔维尔，英国工业是不是已经取代了印度的手工业。后者回答说："是的，在很大程度上。"

"从什么时候开始？"

"我想，基本上是从 1814 年起。"

"英国工业取代了印度工业是不是说印度现在的供应主要是依靠英国厂家的商品？"

"我认为是这样……我毫不怀疑，他们的重大灾难主要是由于英国工业打乱了印度的工业。"

尽管印度努力想跟上英国的步伐，引进机器，开设机器织布厂，但大多数印度人能做的只有两件事：放弃有技术含量的织布工作，去地里种棉花供给英国；用种棉花挣来的钱再去买英国人织好的棉布。最终，印度沦为英国的原材料供应国和产品倾销地。

而英国人纺出来的棉布和制作的棉纺织品仍在以惊人的速度每年不断增加。英国棉花产业链的最后一环渴望攻下全球最大的市场——中国。

二、棉花的退出埋下鸦片战争的引信

前面已经讲过，乾隆初期中国人口达到 2 亿人之多。到 19 世纪 30 年代初，中国人口已经有近 4 亿。

近 4 亿是什么概念呢？当时整个地球的总人口也不过 12 亿多，中国一个国家就生活着全球将近 1/3 的人口。

说来也有意思，明朝以前，不管多么富庶的王朝，人口都从未破亿。

1492 年，哥伦布发现美洲的存在时，除了发现棉线和棉布，还发现了玉米和红薯。明朝中后期，玉米和红薯辗转传进中国，大大增加了口粮的数量，一块土地能养活的人口更多了，中国人口开始爆发性增长，以至于有学者说，是美洲来的玉米和红薯创造了"康乾盛世"。

在人口超过 13 亿的现代中国，许多人小时候大概都做过这样的白日梦：只要全国每人给我一块钱，我就发达了。100 多年前，面对中国将近 4 亿的庞大人口以及约占全球 1/3 的 GDP，英国也做起了类似的美梦，就像英国商人说的那样："只要中国人每人每年用一顶睡帽，不必更多，那现有的英格兰工厂就已经供不上了。"

也有比较清醒的英国人，他们明白这不过是白日说梦："远在英格兰人知道有棉织物的许多世纪以前，这三万万居民的祖先从来就决不稀罕这种东西。"

后来主持中国海关总税务司的英国人赫德在他写的《中国见闻录》中也这么说："中国有世界最好的粮食——大米，最好的饮料——茶，最好的衣物——棉、丝和毛皮。他们无需从别处购买一文钱的东西。"

这倒也未必。

中国的棉纺织业跟英国的一样，也需要购买大量的棉花。据《海国图志》记载，印度的孟买左近"邻地丰产棉花，大半运赴中国"。

棉花被中国人纺织成棉布后，又卖回给了欧洲。当时中国的棉布和丝绸、茶叶一样，在欧美相当受欢迎。1734 年，东印度公司董事会特意命令来广州的商船购买幅宽一英码的

南京棉布——其实是以松江府为中心的长江三角洲出产的手织棕色或紫花土棉布。"上身南京布，下身绸缎裤"，是当时欧洲时尚人士的潮流打扮。

这样一来一回，钱都被中国赚走了。而且中国只收白银。欧美国家从殖民地夺来的白银，就这样白花花流进了中国，许多欧美人都觉得这种贸易逆差难以忍受。

1786 年，英国人沉浸在各种有关棉花的发明带来的飞速进步中，兴致勃勃地将曼彻斯特等地农户手织的棉布样品送到广州鉴定，结果是没有一样符合中国市场的需要。

1790 年，英国又送了 100 匹棉布进入中国，结果"它们不大受欢迎，因为价钱太贵，不及中国人自己生产的好几种制品"。

哪怕是到了已经把大量棉纺织品倾销到印度的 1819 年，英国商人试图在广州用拍卖的方式来推销衬衫料子的努力还是碰了一鼻子灰。那些布料被认为是中国夏布的山寨货，还山寨得很差劲。他们引以为傲的条纹布在中国也根本卖不动。

直到 1833 年，棉布（紫花布）在当时还是从中国输往西方的一种货物。哪怕西方轧棉机、纺织机和电力织机的高速发展，也仍未能扭转这个趋势。

根据当时拥有对华贸易专利权的英国东印度公司的记录，哪怕英

国已经逆袭了印度的棉纺织业，每年从印度赚走大量钱财，但面对中国市场，它依然只能充当棉花提供商和产品倾销地，每年被中国赚走大量白银。

东印度公司经营印度殖民地多年，有充足的棉花货源。尽管英国国内很需要棉花，但是在很长一段时间里，它依然乐意把印度的棉花卖给中国，它从中获取的利润率一直保持在 40% 以上，一度甚至高达 56%。1820 年，他们卖给中国的棉花总计价值 3200 多万银圆；排在第二位的是毛织品，价值也有 3100 多万银圆；鸦片只有 650 万银圆，只是棉花价值的 1/5。

而且，贩卖鸦片对东印度公司来说是见不得光的买卖，即使很赚钱，也不能拿到台面上来大肆拓展，只能当作帮私人商贩捎带的货品。当时英国人已经了解了鸦片的毒害作用，许多有良知的英国人强烈谴责鸦片贸易。即使是时任英国驻华商务监督义律，虽然很不满中国每年赚走英国白花花的银子，但就个人层面来说，也不免觉得贩卖鸦片这种毒品是一种罪行，是大英帝国的耻辱。

1834 年，东印度公司被英国政府取消对华贸易的专利权（垄断），这被认为是其他英国商人群起涌入，大肆向中国贩卖鸦片，最终引爆鸦片战争的关键点。

不过，东印度公司被取消专利权的前一年，也就是 1833 年，他们的交易记录显示：英国通过广州口岸卖给中国的货物中，棉花总计价值降到 670 多万银圆，毛织品只剩 250 多万银圆，而输入的鸦片总计价值 1100 多万银圆。

短短 13 年时间，棉花、毛织品的输入获利锐减。鸦片虽然跃居第一主打商品，但是从价值上看，也仅仅只有 1100 多万银圆，根本不能跟之前棉花的 3200 多万银圆利润相比，完全不能弥补棉花和毛织品销售量减少的利润。

为什么卖给中国人的棉花和毛织品大幅度下降了？是中国人不需要棉花了吗？

当然不是，此时清朝的人口持续增长，人口规模达到了 4 亿以上。需要穿衣服的人更多，而能够种棉花的土地并未增加，中国人对棉花的需求并没有减少。

关键在于英国人对棉花的需求在暴增。

1833 年，英国国内有 10 万台机器织布机在不停转动，大约有 150 万人直接或间接在棉纺织工厂工作。为了"喂饱"这些工厂，英国专门从利物浦的港口运送棉花到曼彻斯特，除了从新兴的美国大量进口棉花外，也大量进口印度的棉花。

此消彼长，能够卖给中国人的棉花自然就减少了。

而且，当时不只是英国，整个欧洲都受到工业革命的影响，疯狂渴求棉花，棉花价格迅速飙高。和卖给中国的利润相比，卖给本国和其他欧洲国家更划算，由此棉花逐渐退出了中英贸易。

棉花退出的空白，迅速被鸦片贸易补上。鸦片跟棉花的性质完全不一样。它毫无益处，毒害中国人的身心，同时榨取中国的财富。

欧美渴望了几百年的对华贸易顺差，通过棉花和棉织品无法实现，却因棉花的退出，通过鸦片的黑手得以完成。有研究者统计，1807 — 1829 年间，中国约有 4000 余万银圆被英国人运出广州口岸，而 1829 — 1839 年间，中国的白银净流出量约为 6500 万银圆。鸦片贸易收入占英印政府全部财政收入的 1/7。

白银的外流终于促使道光帝在 1838 年下了严禁鸦片、防止白银外流的决心，这才引发林则徐虎门销烟以及后来英国为了保护这些利益而发动的第一次鸦片战争。

而清政府在鸦片战争中的失败，令整个中国彻底处于虎狼之口。因《南京条约》被迫开放五口通商，欧洲和北美洲的棉纱、棉布旋即大量涌入。这一次，中国的市场再也没能抵抗住英国棉花产业链条的绞杀。

三、日本：棉花救了他们，又终结他们的疯狂

棉花在历史上的地位总是比我们想象的更重要，既成为欧美绞杀其他国家的利器，又成为一个国家维护本民族利益的头号产业。

当中国遭受鸦片战争带来的惨败时，日本同样被列强的坚船利炮轰开了国门。可以说，19 世纪中叶，日本的命运轨迹跟当时的中国是一样的。

1853 年美国东印度舰队打开日本国门，1858 年通过《日美友好通商条约》强迫日本开放市场，进口棉纱一拥而入，抢走 1/3 的日本市场。本来一直是贸易顺差的日本，到 1867 年变为贸易逆差——跟当时的中国太像了，甚至更糟。

众所周知，日本国土面积小，物产远不如中国丰富，各方面发展几千年来一直都只能跟在中国后面"俯首称臣"，而且，近代以来，日本幕府的闭关锁国政策比中国还厉害，仅仅开了一个口岸跟国外通商。这个幕府还特别讨厌火药、火炮这些东西。清朝军队虽然弱，跟列强对上好歹也算得上有枪有炮，日本人的火炮制作权限却被幕府全部收归己有，严格管控，保家卫国全靠武士和武士刀，基本处于冷兵器时代。

如此种种，按理来说，面对列强入侵，日本的抵抗能力应该比中国弱得多，下场应该十分凄惨。

然而，仅仅 30 多年后，1895 年日本就悍然挑起了甲午战争，将清朝军队打得一败涂地；再过 10 年，它又在中国东北打败了著名的战斗民族俄罗斯，一举跨入世界强国之列，成为亚洲唯一能跟欧美列强并驾齐驱的国家。

这几十年间究竟发生了什么？

这段日本命运大逆转的历史，从清末到现代都不断被中国上上下下详加研究，分析出的原因从政治、经济到国民性等，不一而足。

作为离那段历史最近的晚清重臣们，他们采取了最直接的措施：模仿。其中最重要的一项模仿措施就是发展民族纺纱工业。由此可见，棉纺织业在日本近代崛起过程中起到了十分重要的作用，而且效果十分明显，完全被晚清重臣看在了眼中并引起他们的效仿。

从 1879 年到 19 世纪 80 年代中期，日本在列强环伺、经济条件并不好的情况下，由内务省大臣伊藤博文亲自上阵，花重金从英国进口机器，筹办 10 家棉纺织工厂，各配置 2000 个纺锭，以优惠条件配给地方创业家。

到了 1886 年，日本的机器棉纺织业得到了极大发展。民营的第一国立银行负责人涩泽荣一支持大阪纺纱会社成立，配备 10500 个纺锭，从一开始就赚钱，大大鼓舞了其他人，许多类似纺纱厂纷纷成立。这些新工厂在价格甚至品质上都胜过英国进口货。

日本政府还在各县设立"工业试验所"，调查外国市场的特别需求，提供棉布公司蓝图，告知哪种棉布在哪个洲、哪个国家、哪个地区销路好。

到了 1890 年，日本业者已经可以主导国内市场；再过五年，日本国内手工纺纱已经完全绝迹，成功实现工业化——而这一年，恰巧就是日本发起甲午战争的 1895 年。

日本棉花工业的发展跟日本发动战争之间，类似的关联实在太多了。

1920 年到 1937 年是日本棉花工业的黄金时代——这跟它疯狂侵略中国的脚步完全重合。1933 年，日本的棉花用量首度超过英国、法

国和德国，成为世界第三——在这之前两年，它发动了九一八事变，抢占了我国东北；1933 年 1 月，日本军队攻打山海关，先后占领热河、察哈尔两省及河北省北部大部分土地，进逼北平、天津，并迫使国民党政府签署了《塘沽协定》。

到了 1937 年，日本已经占据全球棉布交易市场的 37%，并进而带动整个亚洲在"暌违"一个半世纪后再次成为棉花净输出者——这年 7 月 7 日，日本制造卢沟桥事变，开始全面侵华。

前些年一部热播电视剧《大染坊》就讲到了当时日本棉纺织品跟军事侵略步调一致的凶猛入侵。男主角一心想发展本土印染工业，然而当时山东几乎所有的印染厂用的都是日本棉布，因为日本棉布非常便宜。这件事令他们感到非常奇怪：日本的棉布很多都是用中国运去的棉花织出来的，为什么他们织完了布，加上运费再运回中国来卖，还是比山东本地的布便宜？

这是因为日本政府知道棉纺织业的重要性，大力扶持的结果。

1895 年甲午战争后，清政府签署《马关条约》，赔给日本白银两亿两。这对日本来说是一笔飞来横财。日本政府好好地规划了一番怎么用，以便更轻松地发更多横财。

最大头的一笔赔款用来发展海军。日本短短几年内能把俄国舰队打趴下、二战时能和美国在太平洋死磕，都有这笔钱的功劳。

陆军也分到了大头，放肆买买买，囤的武器一直用到了二战，囤成了老古董，把苏军都惊到了。

此外还有货币改金本位、发展教育等，都是影响力非常深远的大事。

他们也专门拿出一笔钱用在棉花上，一方面购置大量商船，提高运输棉花和棉布的能力；另一方面还借着这笔意外之财，降低棉纺织品出口的税率，让日本棉布能以更大的优势占领亚洲市场。

与此同时，为了保证棉花的货源稳定，日本进一步在它控制下的朝鲜、台湾和东北三省推广棉花种植。

当时日本政府对棉花产业的重视简直到了变态的程度。

由于天气过冷，中国的东北三省其实更适合种植小麦、水稻等农作物。其中黑龙江和吉林几乎完全不能种棉花，辽宁只有南部部分地区才能勉强种一些。但是日本人偏要让东北三省产棉，而且还要大量地产。

于是，臭名昭著的集间谍、殖民于一体的南满铁道公司大肆向东北移植美国高地棉，改良朝鲜的陆地棉，又成立棉花栽种协会、"满洲棉花协会"及"日满棉花协会"，专门威逼利诱东北农民种棉花。

1932 年 12 月，日本关东军竟然跨到经济界，制定了"关于满洲的棉花改良增产计划方案"，目的在于谋求棉花自给，满足军需及解决纺织工业的原料。作为具体增产的目标，1933 年出台的伪满洲国"经济建设纲要"中要求未来 20 年让东北的植棉面积增加 7.5 倍，扩张到 30 万公顷，棉花产量增长 8 ～ 9 倍，增加到 1.5 亿斤。

据不完全统计，计划制定仅仅一年后，东北的棉田面积增加了 40%，棉花产量增加到 8 万包，按一包棉花 500 斤左右来计算，大约是 4000 万斤——强行在寒冷地区种出那么多棉花，东北农民的艰辛可想而知。

然而，比"遍身罗绮者，不是养蚕人"更惨的是，中国人根本不被允许穿棉制品。据许多老东北人回忆，当时中国人家里是不许有棉花的，棉衣、棉被、棉手套、棉帽子，即使气温零下三四十摄氏度，通通都不许用，必须交给鬼子，自己只能得到一些叫"更生布"的破布。

什么是更生布？小说《林海雪原》里有一段很形象的描述："至于穿的，更加凄惨，伪满配给的更生布做的衣服，早已穿得稀烂，像是雨涮过的窗户纸。有的人身上穿着一个牛皮纸的洋灰袋子，有的穿着破麻袋片，补了又补，连了又连。"

所谓"更生布"，就是用破棉絮、废旧棉花、破衣服等破烂纤维，经过水洗，重新纺织成粗线再织成的粗布，有的是用植物秸秆的纤维织成的，不能淋雨，更不能洗，一见水衣服就散花了。而且，就连更生布也很少，一家人只有一身衣服是很平常的事情。

没衣服怎么办？屋里地上挖个坑（坑一般高及成人腰部）。家里来外人了，姑娘、媳妇就蹲在坑里，这坑叫"遮羞坑"。

中国人要是完不成既定的产棉任务，还会被施以酷刑，被打、被骂是家常便饭，跪板凳、打板子、压杠子、灌凉水的记录比比皆是：义县马家沟一户姓马的青年妇女，因交不上棉花，被惨无人道地扒光衣服，并往身上浇凉水——棉花一般 9 月或 10 月份成熟，算上采摘、清理和收购的时间，怎么也得到 10 月份了，10 月份辽宁的最低气温可达 0 摄氏度，这种天气浇凉水，不病也要脱层皮；罗家屯的赵忠玉被绑在板凳上灌凉水，灌得昏迷不醒，被迫把棉被扯去抵产量；六台一姓张的棉农，被灌凉水而活活折磨致死……

这些疯狂变态的压榨，令东北棉花产量大增。到 1944 年棉田面积增至 161648 公顷，1945 年增至 222367 公顷。籽棉产量 1944 年增至 18380.6 万斤，1945 年增至 24932.4 万斤，其中 94% 以上都被日本人收走，棉花分配也完全由日本人控制。

以辽阳地区为例，当时居民日常所需棉花量为 10 万 ~ 15 万公斤，日本人却只分配 1.25 万 ~ 1.5 万公斤，只能满足 10% 左右的需求，自然就导致中国人种棉花却没衣服穿。

日本人对棉花为何如此贪婪？

因为他们早已脱离最初发展棉纺织工业的初衷，不再是为了国家富强，而是为了战争、掠夺和屠戮。

"准备于有事之秋，由现地自给。因棉花'不只纺纱织布，且为军用火药制作之原料'。"这就是日本关东军制定棉花改良增产计划的原因。

那些年，随着二战爆发，日本先后侵占东南亚的老挝、柬埔寨等地，觊觎印度，随后偷袭珍珠港，引发太平洋战争。棉花既能被制作为军服、军被，又能换钱作军费，还能成为枪炮子弹的原料，日本人怎能对它不疯狂？

不过，当日本人踩在棉花的肩膀上四处作恶时，1903 年，大洋彼岸的美国，一大片粗棉布被覆盖在了杉木做成的架子上，就此埋下终结他们疯狂的引线。

1903 年，美国莱特兄弟在北卡罗来纳州一片海滩上，乘坐他们设计的"飞行者一号"在天空自由飞行了 12 秒，人类动力航空史就此拉开了序幕。

跟我们现在看到的精密、高科技的飞机不同，人类历史上第一架飞机由杉木做支架，用钉子和胶水固定，而粗棉布成为其中非常重要的一环。它包覆在机翼的表面，不但承受了飞行负载，也承受结构的阻力和惯性力，成为承托人类飞翔梦想的翅膀。

当这片粗棉布的翅膀带领人类飞上蓝天后，短短几十年间，各种飞机、战斗机迅猛发展。当日本人用它对中国和东南亚国家进行各种疯狂大轰炸的时候，并不知道因棉花牵动的惩罚将会以更惨烈的方式降临到他们自己头上。

二战进行到最后阶段，美国的轰炸机首先携带汽油弹对东京等地进行了惨烈程度不亚于核爆的东京大轰炸，随后携带"小男孩"和"胖子"在广岛和长崎投下，使日本成为地球上唯一一个遭受过原子弹轰炸的国家。日本人不得不停止疯狂的战争。

事实上，日本战后低谷时期，又是依靠棉花走出泥淖。1956 年日本纺织工业产值占国内工业生产总值的一半以上，纺织品占全国出口总额的 34.4%，日本经济终于走出战争带来的满目疮痍，走进高速发展阶段，迎来神武景气、岩户景气和伊弉诺景气……

假如棉花是一个人，那么他一定非常有个性，从不吝惜对困顿之人的帮助，却也从不犹豫是否要终结疯狂。

PART
TWO

与棉共舞：
棉花牵系人间万物

第 1 章
近距离观察历史上的棉花

一、靠棉花摆脱黯淡命运的陕西女首富

1900 年，八国联军攻入北京。

此时距离 1492 年哥伦布带着那封写给朱祐樘的信出发仅仅过去 408 年。在一根棉线的牵引下，历史大分流至此全部完成，东方跟西方的地位发生了翻天覆地的变化。

1900 年 7 月 21 日，慈禧挟光绪皇帝逃离北京，9 月 4 日逃抵西安。

适逢西安灾荒，急需赈灾抚慰民众，但慈禧改不掉花钱大手大脚的毛病，仅 9 月 4 日至 10 月 7 日就花掉了大量陕西地方库银。陕西巡抚端方不得不向民间的富商大贾募捐赈灾资金。

这时，一位人称安吴寡妇的女富商捐出 10 万两银子，震惊了所有人。

10 万两银子在当时可以买两万亩良田。用今天的最低征地价格每亩 6 万元来计算，两万亩地就值今天的 12 亿元人民币，相当"土豪"了。

　　狼狈逃难中的慈禧听闻此事十分欣慰，认为陕西人和朝廷是一心的，随即召见了这位跟她一样早早成为寡妇的女富商。《泾阳史话续集》中罗列了这位女富商为这次觐见准备的礼物，有"哮珠手串一件、象牙凉席两件、金佛像一尊、景泰蓝香炉一个、楠木卧床一张、楠木小圆瓶八个、金猴一个、景泰蓝食盒一对"。

　　慈禧大为感动，认这位女富商为干女儿，并封她为"一品夫人"。西安府感谢女富商的慷慨解囊，给她颁发了一块牌匾，上面写着四个大字：护国夫人。

　　慈禧在西安流亡了一年多，过六十大寿的时候，女富商又送了镶金嵌玉的超级豪华屏风。1901 年 8 月，慈禧与光绪帝离开西安赶回北京，由于屏风太过厚重，携带不便，故留存在南院门总督府（今陕西省图书馆亮宝楼）。

　　这位女富商，就是 2017 年播出的大热连续剧《那年花开月正圆》的女主人公周莹。

　　即使中国历史走到 19 世纪末 20 世纪初，在积贫积弱、身不由己、棉纺织业受到严重冲击的时代，棉花这种白色纤维依然发挥着它神奇的作用，孕育了许多传奇，完满了许多残缺的故事。周莹正是其中之一。

　　周莹的太爷爷是巨商、刑部员外郎周梅村，是上过地方志的名人，上面记载着："周梅村，贩布苏州起家，家藏白银 36 万两，府第华丽。"也就是说，周梅村发家是靠贩运苏州的布料到北方赚了不少钱，还修了非常华丽的房子。

　　周莹的公公吴蔚文跟左宗棠关系匪浅，曾经为左宗棠运送粮草，所以得到经营食盐的特许，生意达到鼎盛时，商铺分号遍及全国。

　　清朝末年，周家历经大劫，周莹太爷爷修建的豪宅已经于乱世中彻底被毁，她的爷爷、祖父辈再也没人有资格被载入地方志。

周莹的夫家吴家随着左宗棠的失势，也大不如前。

1885 年周莹出嫁。当年中国取得镇南关大捷，却跟法国签订了屈辱的《中法新约》，好好的胜利变成了失败。周莹的婚礼同样如此，喜气洋洋却充满不祥。她的公公早已去世，吴家生意开始衰败，而她的丈夫吴聘患有肺结核，这在当时是不治之症。

有记载说她丈夫在婚后 10 天就去世了，也有记载说她跟丈夫一起生活了两年，还生了一个女儿，只是夭折了。总而言之，对一个 17 岁的女孩来说，无论是她的国还是她的家，曾经的辉煌都被一一剥落，她眼前的道路无一不是摇摇欲坠、充满不幸。

但是周莹扭转了自己黯淡不幸的命运，将家族生意推向顶峰；一手打造了如今成为热门景点的吴家大院，造就了秦商的再次辉煌；也在她所生活的国家遭遇不幸时送上实实在在的金钱支持和温情关怀。

而她扭转命运的关键，正是棉花。

跟电视剧里周莹拔掉罂粟后一拍脑袋偷了婆婆的银子去囤棉花的戏剧性情节不一样，现实中的周莹非常懂棉花。

古代中国人早就有心地观察到，棉花的产量是有规律的，通常是"三丰一歉双平年"，也就是三年产量丰收，一年产量极少，而后两年产量平平，如此循环往复。

丰收虽然是好事，但会导致价格降低，损害棉农的利益。现代美国政府依然遵循棉花生长的这种规律，定期给大农场的棉农反周期补贴。周莹，在她那个时代，靠执行类似的"反周期补贴"，也就是以丰补歉，赚到了第一桶金。

事情先是从一个棉花的丰年开始的。那是连续三年的第三个棉花大丰收年份，关中的棉花行想趁机杀价，这引起了棉农的不满，有的棉农干脆将棉花囤在手中不卖。

面对这种情形，周莹提出"以丰补歉"的策略，用高于市场的价格收购棉花，棉农于是纷纷将棉花卖给她。当年她就垄断性地囤了许多棉花，连西安棉花行业的龙头老大都因为无法向客户供货而不得不求助于她。

第二年就轮到棉花歉收的年份。棉花价格飙涨，因为丰年囤积的棉花库存，周莹又战胜了其他商家。

与此同时，她依照规律发现，接下来的一年，棉花依然不会丰收，应该是一个平年，于是再次提前按照平年价格预定了棉农次年的棉花，既保证了棉农的利益也稳定了自己的货源。

果然，第三年收获时，其他棉商已无棉可收，只能再度以高价向周莹回购。7 年时间里，她由每年进出 3000 来担棉花到一年购进 11 万多担棉花，由小打小闹一跃成为关中地区的棉花买卖大户，凭此一举，吴家垄断了陕西棉市多年，带动吴家其他产业发展，重新走向辉煌，也带动她所在的泾阳、三原成为当时陕西的经济中心，使当地连农民都能过上相当富裕的生活。

家境破落、丈夫早逝、无子无女，按照古代的生存标准来看，周莹的命运不折不扣就是一个"苦"字，但是依靠棉花这柔软却坚韧的纤维，她走上了畅意的人生之路，不断开店，扩大生意，住在仿照紫禁城规制的豪宅中，照顾她的奴仆有 200 多人，十里八方的人都愿意听她一个安吴寡妇的话。即便种种原因令她死后没能进入吴家祖坟，令后人感叹她的坟茔孤零零独自在外，但那都是身后事了。假如世上真有所谓的香火供奉，一百多年后依然被许多人念兹在兹的周莹，一定依然过得无比滋润、惬意吧。

二、那些被命运抛弃却被棉花抚慰的人

当我们远远观察历史，会看到雪白的棉花上沾满血泪，成为许多国家打败、奴役其他国家和民族的利器，也被用来剥削、杀害诸多生命。但是假如离历史近一点，更近一点，像看周莹的故事一样，我们会发现，棉花的柔软和温暖、坚韧和有力，抚慰和支撑了无数平凡人的人生。

（一）吴江寡妇：棉花令人实现夙愿

清乾隆年间（1736—1795），江苏吴江同样有一个寡妇，名字不详，人称宋氏。宋氏20余岁时，丈夫董存礼暴卒，没过多久，董存礼的父母也相继去世。由于家境清贫，三口棺木都无地可葬。

宋氏是不是像周莹一样没有子女，历史上没有记载，只是记下了她的贫穷和无依无靠。她独自居住在一间破屋中，没日没夜地纺纱织布。

穷人在古代命如草芥，一个穷女人就更糟了，大概只能算作枯萎的草芥，活着跟死了差不多。

但是40年后，宋氏60余岁时，她的生命忽然爆发出一道照亮历史的光芒。她一口气拿出14万文钱，买了坟地，将几十年无力安葬的三口棺木一一入土为安，大概也为自己准备好了坟茔。

现代人可能不太了解入土为安对古人的意义，其实只要翻翻清代蒲松龄的《聊斋志异》，里面将乱葬岗说得多可怕，或者看看港版电影《倩女幽魂》，聂小倩由于骨灰坛没有埋进土里就要遭受妖怪奴役的悲惨命运，我们就能知道这件事的重要以及不易。

毫无疑问，宋氏以一己之力购置全家的坟茔，称得上壮举一桩，因此被人记录下来。而宋氏夙愿得偿，十分快乐满足，当大家好奇地问

她这么多钱从哪里来时，她毫不保留地说出了秘密："每天织的布可卖五六十文钱。以十文储存，每年可积三千六百文，四十年后就有十四万（文）了。"

40 年，大约 14610 天。一个无依无靠的女人独自面对破败的房屋和死一般的未来，唯有棉花和纺车相伴，的确堪称命如草芥。只是，这棵草不是别的草，而是棉花。即使遭到命运接二连三的打击而枯萎，心中还能长出丝丝缠绕的愿望之花；即使被生活一遍遍碾压，像棉纱一样身不由己不幸地被经纬所困，最终还是织出了温暖人心的人生图案。

（二）陈孝子：七十五，学织布

棉花不只给予弱势的女性温暖。

明朝万历年间（1573—1619），华亭县十五保住着一对母子。当他们进入大众视野时，儿子陈守贞已经 75 岁，母亲就更为老迈了。

按照当时的社会标准，陈守贞一辈子挺失败的，不要说混到像成功男士那样呼奴使婢，甚至都没能像普通男人那样儿孙绕膝，只得他自己一个年逾古稀的老头，孤身照顾着老母，《谷水旧闻》里说他"孑身事母"。

人老了，总是容易生病，也不能再像年轻人那样随便吃点什么就能对付着过。为了让老母吃得好、过得好，同样老迈的陈守贞寻思着如何能多挣点钱，又还能留在老母身边随时照料。

同时符合这两个要求的工作只有一个：在家织布。

75 岁的陈守贞开始学习织布。这一织，大半辈子籍籍无名的他竟然织出了自己的一方天地，他织出来的布异常精洁，非常好卖，渐渐变得远近闻名。

随着陈守贞织布的声名鹊起，他为了奉养母亲而"七十五，学织

布"的事情传开了，陈守贞被大家尊为"陈孝子"，成为松江府孝子的典范，他所织的布则被称为"陈孝子布"。现在上海方塔园的草地上，还安放着他一边在织布机前劳作一边看顾年迈母亲的雕塑。

明末有些达官贵人的夫人，在遭遇朝代更迭、家庭变故时，也靠亲自织布来养家。如曾任侍郎衔总督两广军务的沈犹龙在松江抗清起义失败后，他的"封二品"、坐过八抬大轿的夫人，其时也"以纺织为业，自持于市卖之"。

（三）欧美女性：棉花给予体面工作的机会

人类历史数千年，而女性争取到外出工作的权利，短短百余年而已。

以英国女性来说，第一次工业革命前，在正统观念中，一名女性的理想生活是有淑女般优雅的谈吐，继承丰厚的财产和家族的荣耀，成为一个家庭的女主人。有许多专门的书教育女人们如何生活，比如说《妇女生活礼仪》的书里，就提到了"英国女人要学会听"，顺从男性的意愿。比顿夫人的《家庭管理守则》就专门教育当时的女性如何持家，同时鼓励她们如何在"家"这个前提下安分守己。

只有底层的农村女性才有工作，比如说去集市上卖自己酿的酒，自家产的面包、鸡蛋、牛奶、黄油、乳酪、蔬菜或亚麻线。这些根本算不得正式意义上的工作，不过谋生而已，还见不得光，一不留神便会惹祸上身，比如说1527年，奥尔弗里斯顿就有5个面包师的妻子被指控为面包和啤酒贩子，闹到要上法庭的程度。

农村的未婚女性为了攒嫁妆，可以去做女仆、农业工人或工匠助手——很显然这些所谓的工作都并不足以令人产生自豪感，也并无自主权，很容易被人忽视和边缘化。

但是棉花令情况起了变化。

1841 年，年轻的英国棉纺织工业商人威廉·罗思本到美国访问。

罗思本可谓富二代，其家族经营棉纺织行业多年，家产丰厚。我们现在能了解到的信息显示，1849—1853 年罗思本家族从棉花贸易中赚了18185 英镑。（那个时代，伦敦一位年轻女裁缝每年收入为 12 ~ 20 英镑；小说《简·爱》中，简·爱做家庭女教师一年的收入是 20 英镑）

而且罗思本还经常到外国出差，放到现在妥妥地就是富二代兼商业精英。

就是这么一位见多识广的英国富二代，在美国新泽西州帕特森一家棉纺织工厂见到里面的工人几乎全部是女性后，竟然不由得发出了感叹：这是"全世界最罗曼蒂克的工厂"！

"里面的女工虽然显现病容，但是都很漂亮。"

几天后，他参观洛厄尔的工厂，再次注意到"工厂的女孩很整洁，大多很漂亮。我相信大半都受过良好教育，她们是农人甚至有的是传教士的女儿，离开家里来到此地工作几年，准备嫁人"。

事实上，像美国新罕布什尔州多佛制造公司，在 19 世纪 20 年代中期，89% 的工人是女性。西班牙加泰罗尼亚的棉纺织工业，高达 70% 的工人为女性。整个欧洲和美国的棉纺织工业，以女性为劳动力主干。

女性员工如此之多，造成棉纺织工业几乎无人关心，光芒都被以男性为主的煤矿业、钢铁业和铁路业给掩盖过去。尽管面临种种歧视和忽视，女性工作者的工资收入也只有男性的 1/3 左右，且工作时间冗长，但她们至少可以正大光明地走出家门，用自己的劳动换取报酬，且体面得令

一位从英国来的富二代不由自主心生爱慕，这已经是相当大的进步了。

由于当时女性往往被隐藏在历史记载的背面，我们无从得知，这些女孩后来都经历了怎样的人生，棉花为她们开拓的工作机会，对她们的命运究竟有何影响。

所幸，由于文化教育的普及和市民阶层的崛起，小说这种文学形式开始兴盛，从中我们可以窥见许多不经意间记录下来的细节。

三、乱世佳人：棉花的灵魂在燃烧

（一）永不沉没的莫莉·布朗

美国女性从进入人们的视野开始，就像那些令英国富二代心生

爱慕的棉纺织工厂女工一样，带有一股新大陆特有的蓬勃生机。比如
1851 年的斯托夫人，她经过调查后写出小说《汤姆叔叔的小屋》，为美
国废奴运动赢得了 200 万同情者和支持者。林肯总统在白宫接见她时，
盛赞她："写了一部书，酿成一场大战的小妇人。"

不过斯托夫人出身于有名望的家庭，嫁给身为大学老师的丈夫后
并未工作过，还算不得真正的女性工作者。

美国南北战争后，随着铁路的不断深入铺设，许多人前往西部淘
金。1886 年，19 岁的女孩莫莉跟随家人去西部的科罗拉多州丹佛市，
起先是在哥哥家做饭，后来有幸得到了一份工作——不是去淘金，而
是成为一家公司毯子布料部门的销售员。

在此需要说明一下，由于淘金工作经常需要跪在地上，所以工人
们的裤子很容易破。商人李维·施特劳斯于是发明了用棉质帆布制成的
牛仔裤，非常耐磨，广受西部淘金工人们的喜爱，生意火爆。莫莉工作
的毯子布料部门，正是跟这种棉布有关。

显然，莫莉尽管并不属于工业革命初期在棉纺织工厂获得工作的
那批女性，但她同样受惠于棉花的眷顾，从她的人生轨迹中，我们可以
清晰地看到，棉花带来的改变如何影响一位女性以及整个社会。

莫莉工作没多久，当年 9 月就嫁给了在矿场工作的布朗先生，从
此成为莫莉·布朗。布朗家非常穷，不过夫妻二人感情很好，生儿育
女，共同工作养家糊口。

十余年后，布朗先生开发出一个含量丰富的金矿，一夜暴富，从
此莫莉·布朗过上了悠闲富裕的生活。

跟过去那些仰仗特权和阶层优势过上贵妇生活的女人不一样，多
年的工作经验大大拓宽了莫莉·布朗的眼界，她把时间和金钱都贡献在
各种社会和政治问题上。她与乔治·本杰明·琳赛共事，建立了全美第

一个少年法庭，这个法庭最终成为美国青少年司法系统的基础。她还是美国历史上第一批竞选议员的女性——当时妇女甚至都还没有选举权。

1912 年 4 月，正跟女儿环游世界的莫莉·布朗收到电报说孙子生了重病，她立即登上一艘豪华邮轮回家。

这艘当时世界上最大、最新的豪华邮轮名叫泰坦尼克号。

几十年后在电影《泰坦尼克号》里，那位无视头等舱鄙视链，大方将儿子的昂贵西装借给杰克参加晚宴的美国暴发户太太，其原型正是莫莉·布朗。

影片最后，杰克沉入海底，露丝一个人躺在木板上冻得僵硬，即将失去意识之际，那艘有如天降的搜救小艇，也正是在这位暴发户太太的坚持下才被派回来搜寻幸存者的。假如没有她的坚持，露丝未必能够熬过冰冷的大西洋的夜晚。

现实中的泰坦尼克号上没有杰克，也没有露丝，但"永不沉没的莫莉·布朗"却是真实的。泰坦尼克号撞击冰山的瞬间，莫莉非常冷静地采取了危机应对措施。她穿上最暖的衣服——黑天鹅绒双层外套，接着套上了 7 双保暖的羊毛长袜，又在脖子上披了一件貂皮披肩，还从保险箱里取了 500 美元现金，塞进挂在脖子上的钱包里，藏在衣服里面。然后又穿上救生衣，并从床上拿了条毯子。

莫莉·布朗坐上了满载女人的 6 号救生艇。

面对大海一口吞噬人类最庞大的邮轮和成百上千生命的惊悚场面，即使逃开了旋涡中心，幸存者心中的恐惧也可想而知。此时，掌舵的船员又悲观沮丧地给大家描绘了一幅更令人魂飞魄散的前景："我们很可能要这样漂流很多天。桶里面没有水，我们也没有吃的，没有指南针，没有航海图。一旦暴风雨来临，我们就毫无生存的希望了！我们会被淹死或者饿死。这就是我们的命运。"

如果说灾难杀死 30% 的人，那么绝望杀死剩下的 70%。

在这最沮丧的关头，莫莉·布朗果断开吼："你自己那么想去吧！为了这些妇女和孩子，你能不能男人点？！海面还算平静，我们完全有生存可能。"说着，她又脱下自己脚上多余的 6 双羊毛长袜，分给了其他冻得瑟瑟发抖的妇女。

假如不是莫莉·布朗这愤怒一吼和分袜子的温暖举动，果断阻止了绝望情绪的蔓延，救生艇上那些心理脆弱者或者处于过度心理应激反应的人，也许当场就会跳海自杀，以逃避被饥饿和干渴慢慢折磨致死的可怕想象。

正是因为莫莉·布朗的勇气，幸存者们心里升起了希望，觉得只要有她在，暴风雨就不会来，救援一定会赶在饥渴之前到来，这艘在黑夜的大海上漂浮的小救生艇一定不会沉——这就是为什么后来她被尊称为"永不沉没的莫莉·布朗"。

事实也证明的确如此，仅仅 4 个小时后，收到求救信号的船只就赶来救起了所有救生艇上的人。

不过在这漫长的 4 个小时期间，救生艇上的人并不知道救援的船只已经在路上了。唯有莫莉·布朗笃定不会有事，不但不焦躁，而且确实像电影中所描述的那样，劝大家回去救人，她也是当时唯一心有余裕惦记着回去救人的人。只有极度充满信心的人才会在自己生死未卜的情况下还想着救人。

尽管她的请求被救生艇后勤处处长立即驳回，但救援船只到来后，莫莉·布朗又力劝大家回去沉船所在地搜寻幸存者。

尽管那里并没有露丝的存在，但是这位曾经的女布料销售员身上散发出的人性的光芒，和泰坦尼克号上那些让女人和孩子先走的绅士、那些拉小提琴到生命最后一刻的音乐师一起，照亮了茫茫黑夜。

（二）《飘》：棉花的灵魂在燃烧

1918 年 10 月，美国经历了历史上最黑暗的一个月，近 20 万美国人在这个月相继死去。

死亡并不是正在进行的第一次世界大战带来的，而是人类历史上最致命的传染病：西班牙流感。这场流感蔓延全球，亚马孙河口的马拉若岛是唯一幸免的人类聚集地。当时全球人口约为 17 亿，这场流感在 1918—1919 年感染了约 10 亿人，有 2500 万 ~ 4000 万人死亡。

美国亚特兰大市，19 岁的文艺女青年玛格丽特·米切尔先是在一战中失去了初恋，又被这场流感夺走了母亲，甚至没赶上与母亲最后道别。

突然而至的灾难令她的父亲方寸大乱，哥哥又一时半会儿挑不起重担。无心念书的玛格丽特就此离开学校，像一匹脱缰野马开始闯荡，也为此付出了极大的代价。

首先是一场错误的婚姻。玛格丽特结识了落拓不羁、潇洒风流的酒贩子雷德，并在亲友们的一片反对声中结了婚。蜜月刚过，新婚夫妇之间已经出现不可修复的裂痕。雷德干出一系列令玛格丽特心碎的事情之后，很快就抛弃了她。

闲言碎语纷纷传出，甚至有人说玛格丽特没有生育能力。

这场失败的婚姻带给玛格丽特的伤害几乎延续到她生命的最后一刻。

所幸，在朋友马什的帮助和鼓励下，玛格丽特找到了一份当时最适合文艺女青年的工作：报社记者。

这份工作她干得很投入，也很出色。为了摸清高空作业者在工作时的感受，她把自己吊在 200 英尺高的楼房窗外；为了用手中的笔勾画出佐治亚州五位英雄将领的形象，她在图书馆里一扎就是几个星期……

可惜，好景不长，仅仅一年多后，玛格丽特的脚就出了问题，无法继续从事这份她喜爱的工作。

此后整整十年，玛格丽特作为马什的妻子，和他租住在桃树街990 号一栋普通公寓的房间里，默默无闻地过着异常平淡而简朴的生活。

这栋公寓也是玛格丽特童年时代跟家人一起居住的房子，曾经两次被大火烧毁。在那里，童年的玛格丽特经常跟她的外祖母坐在房间的门廊上，听外祖母讲述一个个发生在美国南北战争时的故事。其中跟火有关的一幕令她印象尤其深刻：1864 年 11 月 15 日那晚，作为南方最繁华的都市，亚特兰大被北方军将领苏尔曼的军队攻破之后，又被下令焚烧，"大片大片的火焰吞没了整个亚特兰大市……"

真正的文艺女青年都是早慧的。据说玛格丽特还没有学会写字，就已经会口头编讲一些小故事；5 岁的时候就曾经写过一篇小作文《两个人的故事》，字里行间都透露着才华。在上大学以前，她就已经写过上百篇的文章和故事，还曾经在学校里自编自导了话剧。

但她的写作之路并不顺畅，她父亲明确表示反对：如果她坚持写作，在经济上不会给她任何资助。

家人的反对和生活的挫折显然浇灭了玛格丽特的写作热情。在那沉默的十年之前，虽然顶着"早慧文艺女青年"的名号，玛格丽特并未真正写出正儿八经的属于自己的作品，而且，她对创作的态度变得异常谨慎，甚至有点胆怯，看上去毫无自信。

又是在马什的鼓励和支持下，赋闲在家的玛格丽特终于开始尝试写小说，进展异常缓慢，足足写了九年才写出 200 多页故事，200 多页稿纸装在一个个大口袋里，没有成型，更谈不上定稿，数度动笔又几次放下。

艺术创作有时候类似一门玄学。坊间流传，电影《叶问》开拍之前筹备了很久，诸事不顺，主创人员于是去叶问墓前诚心祭祀，告知电影事宜，恳请叶问在天之灵保佑，这之后电影才一帆风顺地开拍。

写作更是如此。写字几乎人人都会，经常有人误以为自己很有文学天赋，充满激情地写让人鸡皮疙瘩掉一地的酸诗，沉迷于讲述自己惊天动地的非凡人生如何从某年某月呱呱坠地开始。但是真正的创作者们几乎都说过相同的感受：当某一刻突然与他创作的对象灵魂相通，灵感才真正出现，从此他们笔下的人物要哭还是要笑，讲什么话，做什么动作，所有的悲欢离合都由不得创作者来控制，全都有了独特的生命。正所谓，"文章本天成，妙手偶得之"。

玛格丽特从决定写一个故事开始，她的脑海中就不由自主地闪现

几十年前焚烧亚特兰大的那场大火，令她情不自禁去想象亚特兰大 60
多年前的模样；想象成长于现代化都市的她只在故事里听到过的异常繁
茂的南方棉花种植园。

渐渐地，玛格丽特的脑海中出现一幅幅风吹云动的鲜活画面：

这一片土地红得耀眼，雨后更红得像鲜血一般，干旱时便成了满
地的红砖粉，这是世界上最好的产棉地。这里有洁白的房屋，翻耕过的
田地，缓缓流过的黄泥河水，但同时也是一个由阳光灿烂和荫翳深浓形
成对比的地方。尚待种植的空地和绵延数英里的棉花田微笑着袒露在阳
光之中。

这些棉花种植园是那么美丽，她仿佛也看到了它们的四季：

春天来得很早，伴随来的是几场温暖的春雨，这时粉红的桃花突然
纷纷绽放，山茱萸雪白似的繁花将河边湿地和山冈装点起来。春耕已快
要结束，湿润的土地饥饿似的等待着人们把它翻开并撒上棉籽，它在犁
沟的顶上显出是淡红色，在沟道两旁的地方则呈现出猩红和粟色来。

小说里美丽的女主角斯嘉丽在美国南北战争后历经艰辛劳苦回到
塔拉庄园，对她来说，故乡的每一寸热土都慰藉着她的心灵，看一眼绿
油油的棉田比吃大量的补药更灵。

但其实玛格丽特·米切尔写下这些文字时，美国南北战争已经过
去 60 余年，当年的亚特兰大早已焚毁于战乱和大火中。那时候照相机
还很珍贵，彩色胶卷更是在 1930 年才发明出来的，极少有影像资料可
供她参考，而且，她从小生活在已经被高楼大厦环绕的现代化的亚特兰

大，何以能写出这些如此生动的画面，以至于没人不相信它们曾经在世界上真实存在过？

这些美妙的灵感，也许正是棉花的灵魂在创作者的脑袋中燃烧；也只有这样真正灵魂燃烧的创作，才能打动世人。

1935 年，纽约麦克米伦出版公司的编辑哈罗德·拉瑟姆到全国各地组稿。在拉瑟姆离开亚特兰大的前一天，玛格丽特才送去了她打好的近 5 英尺厚的手稿。

拉瑟姆在路上看了几章之后被深深地打动了，激动不已地立即将书稿邮寄回出版公司。此后经过近一年的精益求精的修改，小说正式定名为《飘》(*gone with the wind*)出版。

这本小说一问世便震惊美国和世界文坛，不经意间打破了当时一切出书纪录，销量最高时一天卖出了 5 万本，前 6 个月的发行量高达 100 万。人人抢着买，抢着看，导致原本标价 3 美元一本的小说被炒到了 60 美元——以当时的美国物价水平，在一家不错的旅馆住一整个月也不过花费 30 美元。

出版商付给玛格丽特一次性买断小说的版权费是 45000 美元，同年好莱坞也以 50000 美元的价格买下《飘》的电影版权。

1937 年，《飘》这部小说荣获了美国文学最高荣誉的普利策奖和美国出版商协会奖。

1939 年，由《飘》改编的电影《乱世佳人》和观众见面了。耗资 400 多万美元，由费雯·丽、克拉克·盖博主演，堪称好莱坞最野心勃勃、最豪华的作品，全片接近 4 个小时。

当年美国人口约 1.3 亿，电影门票一张几美分，足足销售了 2.02 亿美元；当年美国 GDP 总量是 922 亿美元，《乱世佳人》这部电影的门票收入就占了 1/456……现在假如还有影片想达到这个比重，票房必须达到 90 亿美元以上。2017 年全球票房最高的《美女与野兽》收入为 12.63 亿美元，这样比较来看，《乱世佳人》实在是难以超越的票房神话。

这部电影还横扫第 12 届奥斯卡金像奖，赢得包括最佳影片奖、最佳编剧、最佳女主角在内的 8 个大奖。

玛格丽特·米切尔再次受到世人的瞩目。

那之后，一直到不幸遭遇车祸去世，十余年的时间，玛格丽特再未写出第二部作品。也许是 5 分钟被按响一次门铃、7 分钟收一封电报令她厌倦这种知名作家的生活，也许是第一部作品所达到的高峰再难逾越……但，一生之中，灵魂跟棉花一起那样熊熊燃烧过一次也就够了。

四、棉花带来"遗产改变命运"的套路

有心的人很容易发现，英国的小说作家特别喜欢用"遗产改变命运"这个套路。

近一点来说，哈利·波特，一个孤儿，寄居在姨父、姨母家受尽冷眼，却在魔法世界找到了自己的价值，混得风生水起。不仅如此，他还发现父母早就给他留下满满一个金库的遗产，里面全是金币和小山样的财宝，从此变身魔法界富二代。

稍远一点，《东方快车谋杀案》等作品屡次被改编为电影的英国推理小说家阿加莎·克里斯蒂，那就更不用说了，几乎每一部小说都有继承了巨额财产或者有望继承巨额财产的年轻女继承人杀人或者被杀。

再远一点，20 世纪初风靡英国的戏剧《多布森家的戴安娜》，具

体情节大家不妨品一品：戴安娜在一家卖纺织品的商店工作，每天工作14小时，一年收入不到14英镑，几乎无法负担正常的生活。有一天，她意外收到一笔远房亲戚的馈赠，整整300英镑（当时的1英镑相当于2400多元人民币，300英镑约等于72万元人民币）。她决定一次性花掉，痛痛快快过几天好日子，故事就这样展开……

时间再往前推到19世纪中叶，另一位著名英国作家狄更斯的小说《雾都孤儿》，主人公奥利弗的命运轨迹跟哈利·波特差不多：无父无母的孤儿历经艰险，最后发现自己是富商的私生子，继承了一大笔遗产，彻底改变命运。

跟狄更斯差不多同时期的夏洛蒂·勃朗特，在她著名的小说《简·爱》里，重要的情节几乎处处都跟遗产有关，而且也跟前文提到的与棉花相关的地名和产业密不可分。

比如说，罗切斯特先生为什么会有一位关在顶楼的疯妻子？因为他吝啬的父亲舍不得死后分割庄园和财产，只打算留给大儿子做遗产。恰巧此时他的老友梅森先生已经成为牙买加的种植园主和商人，家业很大，愿意给女儿3万英镑的财产做陪嫁，所以罗切斯特的父亲也不管这家人是否健康，等小儿子罗切斯特大学一毕业就急吼吼把他送往了牙买加，导致了他的婚姻悲剧。

牙买加现在还是英联邦的一员，位于西印度群岛。没错，正是哥伦布命名的美洲群岛。在美国开始种棉花之前，它们一直是英国最大的棉花供应地。

简·爱发现罗切斯特隐瞒了有妻子的事实后伤心离开，花光了仅有的积蓄，沿途乞讨晕倒在牧师圣约翰家门前。圣约翰想跟朴实又坚定的简·爱结婚，然后一起去印度传教。

鉴于印度在本书中已经多次出现，它出产的棉布、棉花之于英国的意义不言而喻。

　　简·爱在忘不掉罗切斯特，又难以拒绝圣约翰的求婚之际，突然发现叔父早在 3 年前就给她留下了 2 万英镑的遗产。尽管她谦虚地将遗产分给了表哥和表姐妹们，只接受了其中的 5000 英镑，但这笔钱毫无疑问解决了所有问题，令她大胆拒绝不合适的求婚，回到曾经的爱人罗切斯特身边……

　　这位留下巨额遗产、引导剧情走向皆大欢喜结局的叔父是在马德拉岛去世的。马德拉岛现在被称为"百花岛""欧洲人的后花园"。那时候却是从非洲向美洲贩卖奴隶的重要转运站。在还没有蒸汽轮船的年代，对于从欧洲前往印度和美洲的商船来说，马德拉也是重要的中转站——看一部《简·爱》，简直就相当于看完了棉花牵动欧洲近一千年的全部历史。

　　时间再往前推，情况就不一样了。

　　比狄更斯和夏洛蒂·勃朗特稍早几十年的作家简·奥斯丁，极少将改变命运的机会寄托在"继承遗产"这件事上。中国读者所熟悉的小说《傲慢与偏见》，简单粗暴一点来说，也就是霸道总裁爱上灰姑娘的套路。简·奥斯丁安排改变灰姑娘伊丽莎白命运的并非突如其来的遗产，而是和达西先生的爱情。

　　达西先生的财产也不是亲戚突然送给他的遗产，而是家中祖辈作为贵族、庄园地主自然而然留给他这个继承人的。

　　简·奥斯丁一生留下 6 部小说，都极少有突然出现的遗产打乱或推动故事发展的情节。

　　也就是说，改变发生在简·奥斯丁和狄更斯、夏洛蒂·勃朗特之间的时间段。

　　具体是什么时候呢？

简·奥斯丁出生于 1775 年，去世于 1817 年。

狄更斯出生在 1812 年，也就是简·奥斯丁 37 岁那年。

夏洛蒂·勃朗特则出生在 1816 年，也就是简·奥斯丁 41 岁那年。

这短短三四十年之差，正好踩在了珍妮纺纱机等一系列棉纺织业革新带动第一次工业革命发生的时间点上。

当然，假如仅仅从时间上来看，简·奥斯丁出生的时候工业革命已经发生了十余年，按理来说她跟后面的作家们不应该有那么大的不同。事实上，接受改变总不是一件容易的事，尤其是天翻地覆的巨变。简·奥斯丁出生的时候虽然珍妮纺纱机已经发明了 11 年，但英国的乡绅阶层依然固守着几百年来固有的生活方式。

现存的一幅简·奥斯丁的画像中，她手持小阳伞站在草坪上，身上穿着纯白色长裙。她一生最爱这种纯白色棉布长裙，她在另一部小说《诺桑觉寺》中安排它成为女主角蒂尔尼小姐最喜欢的、几乎是唯一穿着的衣服款式。这种长裙的面料是印度细洋纱，一种平纹细棉布。《诺桑觉寺》里的男主角、富家子弟蒂尔尼详细描述了这种布料：

我总是亲自买自己的领带，谁都承认我是个杰出的行家。我妹妹还经常托我替她选购长裙呢。几天前，我替她买了一件，女士们见了个个都说便宜极了。一码才花五先令，而且是货真价实的印度细洋纱……不过你知道，太太，细纱布总可以改派别的用场。莫兰小姐完全可以用它来做一块手帕、一顶软帽或是一件斗篷。细纱布可以说从来不会浪费的。我妹妹每当大手大脚地把布买多了，或者漫不经心地把布剪坏了，就要念叨细纱布浪费了，我已经听见几十次了。

这种棉布料非常轻薄、易漂洗，广受欢迎，由英国东印度公司输入到英国，价格不便宜，即使是富家小姐也一点不舍得浪费——这就是第一次工业革命之前，英国被印度棉布所支配的真实写照。可见包括简·奥斯丁在内的许多英国人当时尚未鲜明感受到棉花带来的眷顾。

而几十年后，快速的、巨额的财富积累已经产生了漫溢效应，使简·奥斯丁的后辈们一个又一个地、不厌其烦地用起了"遗产改变命运"的套路。

更有意思的是，从《简·爱》到《哈利·波特》，没完没了的"遗产改变命运"的套路，英国读者们也完全"吃"得下。这从另一个层面说明，这个套路很真实，英国人都看到或者听说过身边的男男女女得到遗产恩惠的真实案例。

其实狄更斯本人就是其中之一。

狄更斯的父亲原本是英国海军发饷处的一个小职员，喜欢请客吃饭，花钱大手大脚，家里还生养了 8 个孩子，导致债台高筑，被关进负债者监狱。家里也没钱租房，好在当时在英国，犯人的妻子可以和丈夫一起住在监狱里，狄更斯的母亲就带着较小的孩子一起住进监狱。

10 岁的狄更斯此时已经是个大孩子了，被迫扛起生活的重担，去作坊里学制皮鞋油，等他的工作技巧熟练后，雇主就把他作为活广告放在橱窗中，向路人表演制作鞋油。附近的小孩们喜欢跑过来紧贴在橱窗上，一边吃着东西，一边像看动物园的动物表演一样看他劳动。那种窘迫和难堪后来都写进了他的小说《小杜丽》里。

帮助狄更斯一家脱离苦海的，正是一位远亲去世后给他父亲留下的一小笔遗产。用这笔意外之财偿清了债务后，家人才终于得以离开监狱，狄更斯才得到上学念书的机会，为后来成为著名小说作家打下了基础。

这笔改变狄更斯一生命运的远亲的遗产未必直接来自棉花相关贸易。但假如没有棉花带来工业革命引致整个社会的财富暴涨，没有"大河涨水小河满"的漫溢效应，这位远亲极有可能根本留不下任何遗产，即使有一点点，也很可能分不到狄更斯父亲头上。而在英国的小说史上，也就无法出现层出不穷的"遗产改变命运"的套路。

第 2 章
棉花：大自然送给人类的
独特大礼包

为何棉花产业会在过去的 1000 年中成为世界上最重要的产业之一？为何看上去普普通通的棉花，竟能牵动人类 7000 年历史，影响和改变那么多人的命运？

在埃及，棉花被称为"白色黄金"。

在中国，人们常说："是金子总会发光。"

棉花虽然外表普通，但拥有种种非凡的特性，不愧为"白色黄金"，是大自然送给人类的独特大礼包。

而伴随着人类社会的发展，它的价值又不断地被丰富，逐渐成为集"棉、粮、油、饲、药"于一体的新型农作物，堪称"作物之王"。

一、大自然中独一无二的纤维

棉纤维的主要成分是纤维素。纤维素是天然高分子化合物，其元素组成为碳 44.44%、氢 6.17%、氧 49.39%。棉纤维中有许多忽左忽右的扭转，称为转曲或捻曲。

在显微镜下观察棉纤维，可以看到它具有成百上千的小气孔，而且中心是空的，这种独特的结构令空气可以在纤维间流通，使棉织品成为真正会呼吸的纺织品。尽管人类如今的科技十分发达，却依然无法复制出这种独特的多孔与中空的结构。

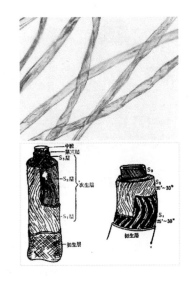

这种独特的多孔与中空结构令棉花保暖性较好，且始终保持 8% 的含水量；蓄热能力很强，且不产生静电。

在阳光的照射下，棉纤维的弹性会恢复、伸长，蓄积热能，这就是太阳照射后的棉被厚度会明显增加、摸起来非常柔软的原因。盖着晒后的棉被，棉花里的热量会缓慢释放，令人感到温暖。

棉花的这种特性，令所有接触它的人都能立刻明白它的可贵。因此，对于那些原本没有棉花的国家来说，传播棉花种子的人，其行为无异于普罗米修斯为人类盗取火种，受到人们的景仰。

在韩剧《来自星星的你》中，全智贤扮演的女明星买了杯摩卡咖啡，想装有文化，于是发了条 SNS（类似我们的微博）说："疲惫的下午，一杯甜甜的摩卡最棒了，我想我能理解，文益渐老师为何要藏着摩卡种子了，文益渐老师，thank you！"

其实文益渐偷偷带回韩国（当时是高丽王朝）的并不是摩卡种子，而是棉花种子，两个词的韩文发音很像，不学无术的女明星搞错了，引人爆笑。

由此也可以看出，文益渐将棉花种子藏在笔筒里带回韩国这件事，对韩国的影响深远，是韩国人必须熟记的历史常识。

文益渐生活的时代，中国正处于元朝。由于黄道婆的创新，当时的棉纺织工艺已经相当发达。高丽却还没有棉纺织业，连文益渐这样饱读诗书的政府官员都不知道棉花这种植物。

1363 年，34 岁的文益渐作为书状官跟随使节团前往中国。因为德兴君争夺高丽王位一事，文益渐在 1364 年才得以回国。

那年冬天，使节团的人一定接触到了温暖的棉衣、厚实的棉被。这种神奇的纺织品原料，元朝初年司农司编纂的《农桑辑要》里有记载。该书收录了令陕西劝种棉花的诏谕，其内容大意是：木棉（棉花）本是西域所产，近年以来，苎麻种于河南，木棉种于陕右，滋茂繁盛，与原产地无异，当地民众深得其利。根据两地试种效果，责令陕西地区种之。元朝政府又在浙东、江东、江西、湖广、福建等地设置木棉提举司，每年征收棉织品十万匹。

文益渐对棉花心向往之，但是由于军队也需要大量的棉花、棉布，故元朝政府严格管控，严禁棉花和棉籽等的流出。

等到可以回国的时候，文益渐绞尽脑汁，将十几颗棉花种子藏在笔杆里，才得以带回高丽。至于他是怎么弄到棉花种子，怎样保存下来，怎样提心吊胆地躲过元朝的官方检查，史书上没有记载，但不难想象。

回到高丽后，文益渐将棉花种子交给舅舅郑天益种植。

跟古希腊人一样，由于不懂得棉花的习性，第一年十几颗种子种下去后，只有一棵棉花活了下来。他们用这棵独苗结出来的棉籽，小心

谨慎地苦心经营了多年，才终于获得了大
丰收。

棉花有了，怎么纺线、织布又成了难
题。幸好有一个名叫弘愿的胡僧前来拜访，
在他的帮助下，郑天益等人制成了纺棉工
具，成功织出棉布，纺棉技术后来才逐渐推广到高丽全国。

此时离文益渐带棉花种子回高丽已经十几年了，高丽人在冬天终
于有了温暖的棉衣可穿。

棉花的引进和棉纺织工具的发明对高丽来说是一种产业革命，它
改善了百姓的生活，促进了国力的增强，棉布后来还成为朝鲜出口日本
和中国的商品之一。

文益渐因为引入棉种有功，被韩国人尊称为"木棉公"。他于1375
年成为典仪注簿，后来官至左司议大夫，死后被封为江城君，后来又被
加封为富民侯。

二、棉花到底要如何种植

为何包括古希腊人和高丽人在内，棉花往往不能很快就种植成功？
这首先要从棉花的习性说起。

棉花是喜温植物。棉籽发芽的最低温度为10℃～12℃，开花结铃
期最适合的温度是25℃～35℃。如果日最低温度低于15℃，或日最高
温度高于35℃，均有碍于花粉发育，容易引起蕾铃脱落。

棉花又是短日性作物（在昼夜周期中，日照长度短于某临界值时
数才能成花的植物），一般在棉苗阶段每天需要8～12小时的短日照。

在生育期喜光照，不耐荫蔽，假如日照不足，容易造成棉铃徒长、蕾铃大量脱落而晚熟减产。

从以上两点，我们就能明白为何纬度较高的英国等国家无法大面积种植棉花了。

棉花的生育期比较长，枝多叶大，蒸腾系数大，需水比较多。不过因为其根系发达，吸水力强，也较能耐旱，所以中国才会有句俗语："哭不死的娃娃，旱不死的棉花。"

在土壤方面，棉花的生根、发芽和生长发育等生理活动都需要一定的氧气和二氧化碳，所以土层深厚、土质疏松、水分适宜的土壤较好。不过棉花对土壤酸碱度的适应性很强，在 pH 值为 6.5 ~ 8.5 的土壤均能正常生长，所以也有人说："能种西瓜的地方就能种棉花。"

棉花从出苗到第一个棉铃成熟吐絮，叫棉花的生育期，约 120 天。棉花的生育期分为五个阶段：播种出苗期、苗期、蕾期、花铃期和吐絮期。每个阶段都有需要注意的地方。

（一）播种出苗期（7 ~ 15 天，4 月中下旬）

从播种棉籽到有 50% 的子叶出土并展开，称为播种出苗期。一般在 4 月中下旬播种，7 ~ 15 天后出苗，是决定全苗的关键时期。

棉花种子在播种前必须进行处理，以便于发芽出苗。

《农桑辑要》中已经有记述："用水淘过子粒，堆于湿地上，瓦盆覆一夜，次日取出。用小灰搓得伶俐（粒粒分

开）……"还要浸种催芽："先将种子用水浸，灰拌匀，候生芽，于粪地内每一尺作一穴。"（鲁明善《农桑衣食撮要》）

这种浸种催芽技术沿用了数百年。到了清代，更是出现了烫种的方法——对，你没看错，就是用开水烫！古代没有现代的农药制剂，为了防治幼苗期的虫害，棉农会"种时先取中熟青白好棉籽置滚水缸内，急翻转数次，即投以冷水，搅令温和"。

由于时间短暂，沸水烫种非但不会烫伤种子，反而能起到杀菌消毒的作用，有助于棉籽吸水发芽。

二十世纪五六十年代，山东、河南等地的人们仍在使用烫种这一方法，并且改进为"三开一凉"，也就是三份开水兑一份凉水，让棉籽在 55℃ ~ 60℃的温水中泡半个小时。

另外，选择合适的播种时间也非常重要。

明代《群芳谱》记载："种不宜蚤（早），恐春霜伤苗；又不宜晚，恐秋霜伤桃（棉桃）。"

由于中国幅员辽阔，南北气温相差大，到底何时适合播种，说法不一。《农桑辑要》记载："至谷雨前后，拣好天气日下种。"明代《农政全书》记载："今定于清明前五日为上时，后五日为中时，谷雨为下时。决不宜过谷雨矣。"此播种时间是指在长江中下游地区。河南农谚则说："枣发芽，种棉花。"

现在，棉花播种时间有一个比较科学的、各地适用的标准，只要 5 厘米地温稳定在 14℃以上，就是适合棉种播种的时期。

（二）苗期（30 ~ 40 天，5 月中下旬）

从出苗到棉田有 50% 的棉株出现第一个幼蕾称为苗期，早熟品种

25 ~ 30 天，中熟品种 40 ~ 50 天。

在中国古代，棉花出苗后要进行间苗、定苗。在正常密度下，一穴假如留下两株苗，就会互相遮阴，光长高不结棉桃。一般一穴只留一株棉苗，整个苗期会进行三次左右的间苗、定苗。

随着现代棉花产业集约化、规模化和科学化的发展，现在间苗、定苗的次数逐渐减少，甚至直接采用定量精播，不再间苗、定苗。

西方一些国家由于种子质量和播种技术比较好，再加上劳动力缺乏，一般一播定苗，没有间苗、定苗的步骤。

此外，种得疏还是种得密，除草、施肥、浇水，都是很有讲究的。

（三）蕾期（25 ~ 30 天，6 月中下旬）

从现蕾到有 50% 的棉株开第一朵花叫蕾期。

（四）花铃期（50 ~ 60 天，7 月上旬至 8 月中旬）

从开花到有 50 % 的棉株第一个棉铃吐絮叫花铃期，需 50 ~ 60 天。

花铃期多处于 7 月上旬至 8 月中旬，是营养增长与生殖生长两旺时期，有 70% 以上的干物质在花铃期形成。花铃期是决定棉花产量高低的关键时期，也是棉田管理的重点时期。这个时期要重施肥，旱的地方要补水，涝的地方要排水，还要摘心整枝等。

花铃期是棉花需肥最多的时期，如果肥料不足，不仅影响结铃，还会造成早衰减产。这个时期要重施花铃肥、补施盖顶肥。花铃期中后期，棉花根系吸收能力逐渐减弱，往往由于养分供应不足，造成早衰，此时还可以直接进行叶面喷肥。

明代著名科学家徐光启除了翻译《几何原本》，还大力推广种植红薯，对种植棉花也研究颇深，所著《农政全书》里讲到许多种植棉花和纺织技术问题，还专门写了《种棉花法》和《吉贝疏》。

徐光启勤奋好学，从小就对农业有极大的兴趣。曾经摘掉自己家棉花的嫩芽，引得父亲勃然大怒，后来却发现他这个举动使当年的棉花产量大大增加。徐光启摘掉棉花嫩芽并不是伤害它，而是进行摘心整枝。

摘心整枝是我国首创。据《农桑辑要》记载："苗长高二尺之上，打去冲天心。旁条长尺半，亦打去心。叶叶不空，开花结实。"棉花长到高于二尺时，就要打去主茎顶端；旁枝长到一尺半长，就要打去顶尖，这就是"摘心""打顶"。当时的棉农已经意识到棉花整枝有利于调节棉花内部营养、促进开花结铃。

北方一般在大暑前后完成摘心。南方无霜期长，摘心整枝的必要性不如北方迫切。

自 20 世纪初推广比亚洲棉更为高大繁茂的陆地棉后，人们又创造出了去营养枝（油条）、抹赘芽、打老叶和去空枝等种植方法。

（五）吐絮期（70 天，9 ～ 11 月初）

从开始吐絮到收花结束为吐絮期，约 70 天。棉花一般在 8 月中下

旬开始吐絮，9 月为吐絮盛期，10 月中下旬到 11 月初基本收花完毕。

与稻、麦等其他农作物不一样，棉花不是一次性成熟收获，而是逐渐成熟，多次收摘。这个特性使女性自古以来就是收棉花的主力。

三、生机无限

全世界每天有 75 个物种灭绝，每一小时就有 3 个物种被贴上死亡标签，但棉花 7000 年来始终陪伴着人类。

（一）棉花的起源

在白垩纪中期或者后期，由于气候剧烈变化，潮湿热带森林生态条件向草原与沙漠的热带干旱生态条件变化，热带植物区系逐渐向旱生化发展，其中锦葵目中的一些植物类群逐渐适应了向旱生化发展的生存环境，在白垩纪末期产生了亲缘相近、特性相似的植物类群，可称为"原始棉属"。

随着生态环境的变化，物种自身的变异、迁移、适应等，"原始棉属"中一部分更为相近的植物形成了"棉属"。几乎所有棉属的种都是热带旱生化的灌木，少数是小乔木。分布在沙漠和半沙漠地区，都是虫媒花植物，生殖器官的基本构造很相似。只是经过人类长期的栽培驯化，其中有的逐步成为一年生的作物。

除欧洲外，非洲、亚洲、大洋洲和中美洲都有棉属的各原始种。

（二）棉花的进化

原始的野生棉花是多年生灌木或者小乔木，种子上长着一些灰色或者棕色的纤维，早在人类尚未进入农耕时代即被当地居民采集利用，以满足生活保暖需要。

棉花种子不适于人类食用，人们去掉纤维后随同碎屑一起抛掉，因此无意识地在人类居住点附近播种了棉花。天长日久，野生棉花转到较肥沃而湿润的土壤中生长，棉花植株变得较高大，叶大，铃大。

沿着这样的途径，经过数千年，不断种植与无意识地选择培育，逐渐创造了新的棉花类型，即半野生棉花。

随着人们对纤维的需求不断增长，棉花从住宅边逐渐扩展到菜园和大田内种植。在此阶段，多年生晚熟木本类型的棉花因产量低、病虫害多，以及成熟收获期过长带来的困难等，逐渐失去了人工栽培的必要性和重要性。棉花转向了新的演变方向，产生了早熟、多果枝型和生长期较短（光照反应较弱）的棉花类型，同时向高纬度和较温暖地区不断扩展。此时的棉花棉铃增大了，衣分（皮棉占籽棉重量的百分比）增加了，纤维变长了。一年生类型棉花逐步在栽培中占了优势，产量很快提高，也更为稳定。

现在，全世界约99%的棉花是一年生类型的栽培棉。

至今，栽培棉的进化仍在进行。随着人们对衣着要求的提高，对棉花纤维提出更多要求，如高强度纤维、天然彩色纤维、多种长度与细度的纤维。

（三）棉花的属性

从棉花的起源和演变可以看出，棉花具有无限生长性。也就是说，只要环境条件适宜，它可以像多年生植物一样，不断进行纵向和横向生长，主茎生长点能不断地分化生长出枝叶；果枝上也可以不断地分化生长出蕾、花、铃；生长期不断延长。人类可以利用这种无限生长的习性，延长棉花生育期；充分利用生长季节，增加有效开花结铃期。

棉花还有很强的可塑性，高矮、大小、长得是快或慢，完全可以通过环境和栽培措施来施加影响。

中国农业科学院研究员佟屏亚这样总结棉花的适应性："人类一旦放弃对棉花的栽培和选择，它仍然会改变现在的植株形态和生长习性，逐步适应干旱的山谷旷野生活，并恢复到它原始的野生形态。此外，一年生棉花和多年生棉花之间也没有截然分明的界限，它们的枝、叶、花、铃等外部形态，差不多是相同的。如果把多年生棉花向北迁移，就逐步变成一年生棉花；反之，一年生棉花向南迁移，则又可逐步变为多年生棉花。棉花这种广泛的适应能力，使它今天能够遍布全世界，为人类文明做出重大贡献。"

四、全身是宝

除了棉纤维可以用于纺织外，棉花还有其他诸多用途。

（一）食用

棉籽粉：用棉籽做成的棉籽粉是优质的蛋白质来源，蛋白质含量高达43%～50%，还含有丰富的维生素A和维生素D。用棉籽粉可以制作面条、水饺、烧饼、饼干、面包、点心、可乐、果露等，也是制作牙膏和冰激凌的原料。

棉籽油：棉籽油经过精炼等处理后一般呈橙黄色或棕色，含有大量人体所必需的脂肪酸，最适合与动物脂肪混合食用。而这种脂肪酸含有棕榈酸21.6%～24.8%，硬脂酸1.9%～2.4%，花生酸0.1%以内，油酸18%～30.7%，亚油酸44.9%～55%，与花生油的主要脂肪酸相似。其中，亚油酸能有效抑制血液中胆固醇的升高，维护人体健康。

人体对棉籽油的消化吸收率为98%。现在，棉籽为我们的餐桌提供了仅次于大豆的食用油。每年约有10亿升棉籽油被用来生产薯条、黄油、沙拉调味品。哈根达斯等冰激凌品牌也采用健康原料棉籽油替代奶油。

（二）入药

1. 棉酚

从草棉、树棉或陆地棉的成熟种子、根皮中可以提取出一种多元酚类物质棉酚。棉酚具有抑制精子产生和精子活动的作用，可作为一种有效的男用避孕药；还可用于治疗妇科疾病，包括月经量过多或月经失调、子宫肌瘤、子宫内膜异位症等；被制成药物后，可用于止血、止咳等；也是抗癌药品的有效成分。

纯棉酚的价格大约是黄金价格的 60 倍。

2. 草花

棉花的花俗称草花，是在形成棉桃前所开的乳白色或粉红色的花，这些花过去一直被视为废弃物。2003 年，新疆科研人员对棉花进行系统的化学成分研究，发现草花中含有丰富的黄酮类物质，具有良好的治疗重度老年痴呆的功效。原本废弃于田间地头的草花现市场价格每公斤在 15 元左右，极大地增加了棉农的收益。

（三）造纸

棉秆是优质的造纸原料。

（四）制作护肤品

棉籽油中的物质能帮助皮肤锁住水分，更持久地保湿润泽。棉籽油精炼后可制成护肤产品，富含高质量的多种维生素、脂肪酸和甾醇。这些成分以完美的比例结合，互为补充，成就了棉籽油独一无二的护肤特性。含棉籽油的护肤产品有抗氧化和延缓衰老的作用。

（五）蜜源

棉花分叶脉、苞叶和花内三种蜜腺，往往开花前叶脉蜜腺先泌蜜。

五、吸纳就业

一条完整的棉花产业链包括：种植—籽棉—皮棉—纺纱—织布—印染—服装。每个环节按照不同的标准又可以派生出不同的产品。

目前全球每 23 个人中就有 1 个人从事与棉花直接相关的产业。

棉花对人们日常生活的影响远比想象的更紧密：不仅服装、冰激凌、沙拉酱、人造黄油、清爽啤酒、香肠等日用生活品和棉花关系紧密，棉绒还进入了发胶、洗发膏、牙膏、面乳等各种美容美发用品行业。棉花还是制造肥皂、化肥、炸药、杀菌剂、杀虫剂、塑料、合成橡胶的原料，医药用棉、相纸、纸币、烛芯也使用了棉花。

爱迪生的一项发明——发光灯丝，也由棉花制成。他试过 1600 多种材料后，决定用碳化的棉线来做灯丝。结果碳化棉线在真空的玻璃球中发出的光线明亮而稳定，足足亮了 13 小时。就这样，碳化棉丝白炽灯问世了。

世界上第一次自由飞行记录是由莱特兄弟在 1903 年 12 月创造的，他们所使用的飞机机翼上就有薄薄的没有漂白过的棉布。现在，在火箭的推进燃料中，也少不了棉纤维。

正因为棉花如此重要，所以即使经济重心早已转移到金融和科技等相关产业上，美国政府依然大力支持、补贴棉花产业，2014 年以前给予棉农直接补贴、反周期补贴、销售补贴和农业保险补贴等四大补贴。其中 1999—2003 年，美国政府对棉农的补贴率高达 89%，也就是说每卖 100 美元棉花，补贴 89 美元；2001—2002 年，补贴率超过

129%。2014年以后，由于巴西等国的诉讼，为了符合WTO（世界贸易组织）相关规定，美国通过新的农业法案，看似取消了直接补贴，实际上对棉农实施了更为隐蔽和间接的支持政策。

六、国富民强

（一）染料助德国超越英国

正如前文所述，许多人因为棉花或棉布改变命运。事实上，在棉花的产业链上，即使是不起眼的印染环节，也有无数千回百转的传奇。

茜素，是一种典型的媒介染料，可以从茜草等植物中提取出来，几千年前就被中国、印度和埃及人作为红色染料使用。但茜素的提取过程很麻烦（就像过去为了弄一点画青墨山水的颜料，艺术家就得花好几天时间，把青金石锤碎了细细研磨，要费九牛二虎之力），而且用茜素染料染成的布很容易掉色、褪色。

随着时间的流逝、经济和审美意识的发展，天然染料已经满足不了人们对色彩的需要。

1804年，英国的乔治·菲尔德发现用明矾水溶液处理茜素后，茜素会发生色淀，变为不溶的固体染料。从此，用茜素染料染成的布就不容易褪色了。另外，科学家们还发现：把明矾换成其他金属盐，可以得到其他颜色的染料。染料的颜色由此得以大大丰富。

但是可提取茜素的植物数量毕竟有限，质量也很容易受到环境的影响。

1856 年，英国化学家威廉·亨利·帕金解决了这个问题。他以工业苯胺为原料，合成了第一种人工合成染料——苯胺紫碱性染料，它非常适合染毛、丝和棉织品。

英法科学家早已开始使用化工合成染料，而德国人只能跟在英法科学家后面模仿。

直至 1868 年，德国拜耳公司实验室的科学家格雷贝和李普曼终于成功合成了茜素染料。在此基础上，德国科学家拜耳花了 10 年时间人工合成了靛蓝。

靛蓝的颜色非常美。荀子说："青出于蓝，而胜于蓝。"青，靛青，即靛蓝；蓝，蓼蓝，是一种可以提炼靛蓝的草，但是颜色比蓼蓝更深。

古埃及木乃伊身上的一些衣服和我国马王堆出土的蓝色麻织物等都是由靛蓝所染成的，现代许多牛仔裤的蓝色也源于靛蓝。美国独立战争之前，在南方大片种植园中，黑奴们为之辛苦劳作的，靛蓝占据了相当大的比重。

使用天然靛蓝染色，工艺相当烦琐。假如只是把制造靛蓝的植物和纺织品泡在一起，什么也不会发生。必须经过发酵等处理，才会从靛苷变成靛蓝。染色时还需要利用还原反应，首先把靛蓝变成靛白，再溶于碱液，才能让它们进入纺织品的纤维。等染色完成之后，在空气的氧化作用下，靛白才会慢慢变回靛蓝，这才有了最终的蓝色。

德国人用人工合成的方式制作出可以直接使用的靛蓝染料，价格还便宜，对于印染业来说无异于福音，迅速受到全世界欢迎。我们在讲述民国时期的小说里经常看到的"阴丹士林布"，就是用德国化学家博恩发明的还原蓝（即阴丹士林）染的棉布。

德国另一个化工巨头——巴斯夫公司，则与拜耳公司合作，首先用茜素染料打开了通往世界市场的大门，随后又独立发明了曙红、槐黄和偶氮等新染料。对于偶氮染料，其实我们并不陌生，因为其中有一些产品叫苏丹红1号、苏丹红2号等。

尽管现在偶氮等化工染料被发现具有致癌性，且严重污染环境，但在100多年前，这些化工合成的染料使德国掌握了该领域绝大多数技术专利和生产工艺，为德国染料产业的发展奠定了基础。1880年，德国的合成染料占当时世界总产量的50%；1900年，占世界总产量的90%左右；1914年，德国取代英法成为化学工业中心，控制全球染料产业88%的份额。

与德国染料行业发展趋势相似的，是德国的国家实力。18世纪60年代，英国在棉花的"眷顾"下开始第一次工业革命的时候，国际舞台上还没德国什么事儿。1860年，德国的工业生产能力远远落后于英、法、美三国。但在1870年，德国的工业生产能力和GDP总量首次超过法国。1913年，德国超过英国，成为仅次于美国的资本主义世界工业强国。这除了得益于德国人维尔纳·冯·西门子研制出实用的发电机，以及其弟卡尔·威廉·西门子和法国人皮埃尔·马丁发明了平炉炼钢法，分别促进了电力行业和钢铁行业的发展以外，还必须注意到，棉花产业链上不起眼的染料的进步，极大地促进了化工行业的发展。

（二）上海"颜料大王"周宗良

1914 年，第一次世界大战爆发，在世界各地做生意的德国人不可避免地受到了影响，在中国上海的德国人也纷纷打包回国。

谦信洋行是当时德国在华最大的洋行，不仅在上海买了一大批房产，而且贮存的染料也数量巨大。洋行老板轧罗门带着妻儿跑路之前，万般无奈之下找来洋行的中国买办周宗良密商，将谦信在上海的不动产的户名全部改为周宗良，托其隐匿保管；而谦信所有的染料，全部以很低的价格卖给周宗良，周宗良接受了这一计划。

战况加剧后，亚欧之间的运输断绝，进口染料成了紧俏商品，周宗良手中囤的那堆进口染料价格飙涨，他因此挣了一大笔钱，一跃成为颜料业的巨擘。

与周宗良合作的贝润生，也靠这批染料挖到了人生第一桶金。贝氏家族是苏州望族。1917 年，贝润生花 9900 银圆买下狮子林和附近的大片土地。当时狮子林已因太平军战乱而毁，荒废了许久。他先后投资 80 万银圆，历时七年改筑修复了狮子林。

贝润生的侄子非常喜欢这座园林："小的时候，夏天我回苏州总是到狮子林里面玩。那时候没有多少人，很少人进去，是私家的公园，我们家的庭院以石头闻名，这些石头形状很奇特，有很多洞，有很多斑迹，凹凸有致，似乎一半是生命一半是石头。"

后来，贝润生的侄子在巴黎罗浮宫门口造了一个透明的金字塔入口，令法国人既惊讶又为之折服，称他为伟大的建筑师和艺术家，他就是贝聿铭。

而在一战结束后，周宗良将谦信的资产全部归还，并把当初赊欠的染料货款如数付清，轧罗门大为感动，除了继续聘用周宗良为谦信买办外，还特地嘱咐新大班关照周宗良。1924年，德商在上海成立了统一管理颜料业务的德孚洋行后，周宗良成为该洋行的总买办。

这个总买办的权力有多大呢？当时，法本集团是世界上唯一能够和美国杜邦抗衡的化工集团，而它只不过是周宗良负责的德孚洋行的客户之一。当时几乎所有的德国大工业集团在中国的业务都由德孚洋行代理，包括拜耳。

1929年，周宗良的资产已十分可观，仅外汇储蓄就有330万美元，到了20世纪40年代，达到400万美元。20世纪30年代，美国好莱坞野心勃勃倾尽全力打造的电影《乱世佳人》，总投资也才400多万美元。

不过，即便显赫一时、富甲一方，周宗良、贝润生也不过是上海滩众多传奇中的"两朵浪花"罢了。回顾上海这座城市的历史，就会发现，它的发展和壮大跟棉花密不可分。

七、因棉兴市

（一）棉花：出人意料的上海市市花选举赢家

清末开埠后，上海逐渐成为远东的一颗明珠。1862年，时年23岁的高杉晋作（日本幕末时期的著名政治家和军事家，明治维新的先驱）来到上海港，眼前的繁荣景象让他大开眼界。他在日记中这样写道：

"此乃中国第一繁盛海港，欧罗巴诸邦商船军舰数千艘停泊于江上，桅樯林立，填满津口。陆上则有诸邦商馆，粉壁千尺，殆如城郭，其雄大壮伟，笔纸难以表述。"

到了民国时期，上海更是成为远东第一城市和最繁荣的金融中心，号称"东方巴黎"。世界各大银行、保险公司等都进驻于此，经济高度繁荣，是民国政府赋税收入的重要来源，有"中国钱包"的美誉。当时法国巴黎的新款香水、美国的新款福特汽车，第一时间就会送到上海售卖，日本东京、中国香港和新加坡等地根本无法望其项背。

当时欧洲各国、各个城市都有代表性的国花和市花，比如法国的国花是香根鸢尾、英国的国花是玫瑰等。1929 年初，上海市政府也想选出一种市花，以跟伦敦、巴黎和纽约媲美。众所周知，现在的上海市市花是白玉兰，不过当时的上海市政府经过一番选择后，提出的候选对象是莲花、月季、天竹三种，并报请市长做出最后决定。

彼时正是多事之秋，上海市市长张定璠卷入了一桩大事中。当时蒋介石和桂系军阀白崇禧矛盾激化，派人刺杀白崇禧。白崇禧一路逃亡到上海附近，蒋介石命令上海警备司令拦截他。不料被曾是白崇禧部下的张定璠得知，竭力营救，最终白崇禧顺利出逃。张定璠因此被免职，市长一职由张群接替。

在混乱的局面下，市花的选择改为由全市市民投票选举。上海市市民踊跃投票，有效选票有 17000 多张。4 月 8 日统计结果出来，大大出乎组织者的预料，市民们选择的不是出淤泥而不染的莲花，不是艳丽的月季，也不是清雅的天竹，而是未入市花候选名单的棉花，而且票数相当高，达到 4567 票，稳居首位。

上海市市民的选择令市政府要员们瞠目结舌。明明是十里洋场，明明上海的标志应该是霓虹灯下的洋装、汽车、电影院、西洋音乐、抽水马桶、电梯、包红头巾的阿三巡捕，以及黄包车夫都能说上一两句的洋泾浜英语……为什么明里暗里以洋气为傲的上海人竟选择了看似难登大雅之堂的棉花作为"东方巴黎"的市花？

其实，上海人自古以来就对棉花有很深的感情，选择棉花作为上海市市花，虽然是意料之外，却完全在情理之中。而棉花当选为市花的曲折经历，也像极了历史顽皮地觑准一个空档表达自己的真实意愿。

（二）上海植棉史

春秋战国时期，上海是楚国春申君黄歇的封邑，故别称"申"。晋朝时，因渔民创造了捕鱼工具"扈"，江流入海处被称为"渎"，因此松江下游一带被称为"扈渎"，后又将"扈"改为"沪"。唐天宝十年（751），设立华亭县，上海地区始有相对独立的行政区划。元至元二十九年（1292），设立了上海县，属松江府管辖。

松江府是上海历史文化之根，有"先有松江府，后有上海滩"之说。松江府东五十里（1 里 =500 米）许有一个叫乌泥泾的地方，现在地图上已经找不到这个地名。据考证，它的大概位置在今上海徐汇区东南部，靠近龙华镇平桥、东湾、西湾一带。

乌泥泾的棉花种植在南宋后期已经有了相当的规模，《至元嘉禾志》提到"帛之品"时，有"木棉……土布（松江者佳）"的记载，该志刊行于 1288 年，离宋亡不过九年。

元人陶宗仪的《南村辍耕录》记载："闽广多种木棉，纺织为布，名曰吉贝。松江府东去五十里许，曰乌泥泾，其地土硗瘠，民食不给，因谋树艺，以资生业，遂觅种于彼。"据明正德《松江府志》记载："木棉……宋时乡人始传其种于乌泥泾镇，今沿海高乡多植之。"可见，乌泥泾是松江府最早种植棉花的地方，而松江府又是江南最早植棉之处。

元朝皇帝于 1289 年设置浙东、江东、江西、湖广、福建木棉提举司，也可从侧面证明此地种棉之多。

但是，有了棉花，只是进入了棉花产业链的第一步。

跟几百年后美国南方的种植园主一样，种棉花的农民很快也面临如何剥除棉籽的难题。接踵而至的还有棉花产业链上的第四、第五环节：纺纱和织布。

跟美国的种植园主不同，中国的棉农无法直接卖出皮棉，因为官府和市场需要的是棉布，而且要求的量还不小，元政府"责民岁输木棉十万匹"。

陶宗仪的《南村辍耕录》记载了当时棉农的辛苦："初无踏车椎弓

之制，率用手剖去子，线弦竹弧置按间，振掉成剂，厥功甚艰。"

现在有些人不喜欢被陌生人追问自己是做什么工作的，常常开玩笑说自己的工作是给藕钻孔、给榴梿装刺、往火龙果上扎芝麻……在没有任何辅助工具的情况下，用手剥棉籽的烦琐程度大概也如此：拿起一朵棉花，把黏在上面的籽一颗一颗地清理出来，再用工具把棉花纤维理好。这工作，光想想就令人头晕眼花了！

（三）你以为的美好纺织生活并不是你以为的

纺纱和织布，同样也相当不易。

纺织这件事，中国人几千年来一直在做，在想象中应该并不难，很多文艺青年一说起向往的美好田园生活就是"男耕女织"，岁月静好。其实古时候男耕很辛劳，女织同样十分辛劳，岁月实在很难静好。不过，就像现代家庭主妇带孩子、做家务的劳动价值很难得到社会认同

一样，纺织这件事的艰辛，同样因为主要由女性承担，隐藏在家庭内部，几千年来都被视而不见。

在车马很慢，书信很远，参加考试都要提前半年出发的慢节奏古代，纺纱、织布是最早追求速度的领域之一。因为没有高效工具的辅助，要把棉纤维纺成纱，再织成布，相当耗时。纺织效率如何，上升为评判一个女人好不好的标准。

汉代乐府诗《上山采蘼芜》讲述了一个故事：女子上山采香草归来，路遇抛弃她的前夫。女子特别郑重地行礼拦住他，问他新老婆怎么样。前夫不谈其他，专门用两人纺织的速度做了对比："新人工织缣，故人工织素。织缣日一匹，织素五丈余。将缣来比素，新人不如故。"大意是：她一天只能织一匹缣（缣是双经绞纬平纹绢，色黄），你擅长织的却是纯白绢，比缣贵，而且你一天能织五丈有余（按汉代规制，一匹长四丈。1 丈 ≈ 3.33 米），从这方面看，她不如你。

正是因为纺纱速度对古代女子非常重要，前夫才会用纺织又好又快来夸赞被弃的前妻，达到一种非常巧妙的抚慰效果。这大约等同于香港明星沈殿霞离婚多年后在节目上当众问前夫郑少秋："究竟十几年前，你有没有真正地爱过我？"郑少秋回答说："喜欢，真的好喜欢你！"沈殿霞听完开心地笑了，说："好了，节目可以结束了。"

除了要速度，纺纱、织布的工作时长也很磨人。"日出而作，日落而息"，这种养生的理想生活节奏对古代织布女性来说完全不存在。现代"程序猿"为了写代码在办公室打地铺熬夜加班，古代女性为了织布同样经常熬夜。而她们的"甲方"比现代程序员的甲方更难应付，一般是自己家里的人，比如说公婆，做得不好

被责骂，做得好了没奖金。更麻烦的是，做得到底是好还是不好，完全没标准，全凭别人一张嘴定夺。

说到这里，喜欢抬杠的人可能要说了："那都是穷人家的女人吧？只要是穷人家，谁生活都不容易！"事实并非如此。

东汉乐府诗《孔雀东南飞》里的刘兰芝绝对算得上"白富美"了：娘家家底颇为丰厚，陪嫁的箱奁大大小小加起来有六七十个，里面有华贵的时装绣腰襦，"葳蕤自生光"；也有玳瑁、明月珰等珠宝。她长得很美，"指如削葱根，口如含朱丹"。也富有生活情趣，家里挂着用红色罗纱做的双层斗帐，四角还细心地挂着香囊。

除此之外，刘兰芝还很聪慧，13岁学会织素，14岁就学会了裁衣，放到现在怎么也算得上专业技术人员。她嫁的焦仲卿也不是农户，而是政府工作人员，工作稳定，条件不错。

即便如此，刘兰芝还是同样被纺织这件事折磨得痛苦不堪："鸡鸣入机织，夜夜不得息。三日断五匹，大人故嫌迟。"

我国古代度制单位是从跬、步、尺、仞、寻、常、墨、丈、端、匹、疋、束，逐步演变为分、寸、尺、丈、引"五度"制的。根据"礼玄纁，五两以两为束，每束两两卷之二丈双合则成匹，凡十卷为五束，以应天九地十之数，与此制异焉"来推测，并换算成现在的度量单位，一匹布长约13米，宽约0.73米。

每天鸡一叫就得起来纺织，夜深了还在熬夜纺织，每三天就生产出五匹布，还要被婆婆用这件事来刁难她，挑剔她动作慢，捶着板凳把她狂骂一顿，然后"开除"她。纺织实在是一桩太苦的差事！

与此相印证的，是南北朝时牛郎织女神话的最初版本。

当然，牛郎、织女不是真实的，是人们对着天空中的星宿天马行空想象出来的。

南朝梁任昉的《述异记》记载："大河之东，有美女丽人，乃天帝之子，机杼女工，年年劳役，织成云雾绢缣之衣，辛苦殊无欢悦，容貌不暇整理，天帝怜其独处，嫁与河西牵牛为妻。自此即废织纴之功，贪欢不归。帝怒，责归河东，一年一度相会。"

大意是：织女贵为天帝的女儿、天上的公主，非但没有养尊处优，反而整天忙着织布，既没空做头发也没空打扮。好不容易天帝大发善心让她结了婚，却仅仅因为婚后织布没有以前那么勤快，天帝便大发雷霆，硬生生拆散小两口，一年只许见一次。剩下的时间呢？织女肯定又必须跟以前一样，天天忙着织布。

即使是最离奇的想象也无法脱离现实的基础。从《上山采蘼芜》《孔雀东南飞》到牛郎织女的最初传说，我们可以大致推断：那个时期，纺纱、织布一定是压在女性身上的一桩苦差事，才会使人们对着天上美丽的星星和云霞，想象的却是天帝的女儿同样整天被迫纺纱。

说到这里，现代人或许会纳闷：就算是一家老小，春夏秋冬四季衣裳，外加被褥、鞋袜，可是丝麻放在那儿又不会坏，每天慢慢纺织不就行了，何必如此辛劳？

纺织给自己家里人用确实可以慢慢来，但是交税等不了。

在中国，布帛很早就成了税的一种，《周礼》记载了"九贡"，其二为嫔贡，即各属地嫔妇所织造的布帛丝麻之类。之所以有"匹"，正是为了收税方便而特意规定的，姜子牙为周朝确定的布帛规格是："布帛广二尺二寸为幅，长四丈为匹。"（1 寸 ≈ 0.033 米）

汉武帝出巡各地，赏赐丝织品一百多万匹。（公元前 110 年前后）汉哀帝的宠臣家中，柱子和栏杆上都包着光滑厚实的丝织品（"柱槛衣以绨锦"）。就连有钱人家养的马和狗，也都穿着绣花的丝绸。（"犬马衣文绣"）汉光武帝一次就赏赐给单于"锦绣、缯布万匹，絮

万斤"。（公元 50 年）

汉武帝统治前期，人口最高峰是 3600 万（公元前 134 年）。西汉的人均寿命是 20 岁，东汉的人均寿命是 22 岁。在人均寿命大大提升的现代，15～64 岁人口占全部人口的比重到 2010 年也只是 74.53%。即使按现代劳动人口比例来计算，当时的 3600 万人口里有劳动能力的人约 2683 万；再按照男女公平的最大比例 5∶5 计算，女性也不过约 1341 万。皇帝的布帛类赏赐常以万匹计，难怪古代女性纺纱、织布那么辛苦。

再加上普通人家的吃用也是一笔开销，就算稻谷和蔬菜可以自己种，鸡、鸭、猪、羊自己养，油、盐、酱、醋、茶总要去买，用的钱也主要靠女人织布换回来，压力就更大了。

直到唐代，诗人王建还感叹女性纺织辛苦："合衣卧时参没后，停灯起在鸡鸣前。"难怪有"只恐轻梭难作匹，岂辞纤手遍生胝"的感叹，有"东家头白双女儿，为解挑纹嫁不得"的幽怨，有"当窗却羡青楼倡，十指不动衣盈箱"的羡慕。

到了元代，政府大力提倡种棉花后，棉花的纺织和丝麻的纺织同样极为劳累，往往以家庭中的女性牺牲自己的睡眠、时间、精力和健康为代价。

幸好，黄道婆出现了，她不仅解决了纺纱、织布的问题，还初步解决了棉花产业链上的其他问题，也为松江府的发展打下了基础。

（四）横空出世的黄道婆

大约在 1295 年，黄道婆出现在乌泥泾。之后，她解决了棉花产业链上的诸多问题。

首先解决的是清除棉籽的麻烦。她制作的轧棉机由铁、木两轴组成，铁轴比木轴直径小，二者转动起来速度也不同。使用时，一个人向铁、木两轴之间的缝隙"喂"籽棉，两个人摇两轴的曲柄。当籽棉经过两轴时，被两轴挤轧，棉籽落于内，而棉花落于外。这比用手除棉籽的工作效率提高了好几倍，美国人惠特尼 1793 年才发明了轧棉机，比黄道婆晚了近 500 年。

除掉棉籽后，棉絮还不能直接用于纺纱，必须经过弹棉花的环节。黄道婆把弹棉花的工具由过去一尺半长的小弓改为四尺多长的大弓。别小看了这区区三尺，人类和猩猩的基因差异也才 2%！

小弓变为大弓，弓上的弦也由细细的线改为粗绳，可以直接用棒椎击打（所以这种大弓又被称为椎弓），而不像过去那样只能用手弹。椎弓上截长而弯，下截短而劲。弹棉花时，先弹击短而劲的下截弓，可以把棉絮弹松；再用长而弯的上截弹击，就可以彻底弄松纤维，除去杂质。弹棉花的工作效率大大提高，一个人一天可以弹六七斤棉花。

弹好的棉花，以前是直接放进卷筒里，要纺的时候就"一把抓"。黄道婆用一尺多长的无节细竹条，把已弹好的棉花搓卷，弄成八九寸的棉条，纺纱的时候就方便多了。

棉花产业链上的纺纱和织布难题，黄道婆也搞定了。

跟几百年后工业革命前的英国一样，当时纺纱用的是单锭手摇纺车，效率低下，三四台这样的纺车才能供一台织布机所需。黄道婆发明了三锭脚踏纺车，这种纺车是用脚踩，腾出双手握棉抽纱，同时能纺三根纱，速度快、产量多，是当时世界

上最先进的纺车。现在上海徐浦大桥附近的黄道婆纪念馆仍收藏着这种三锭脚踏纺车。

对于主要在家从事纺织的女性来说，纺纱和织布是一体的。纺纱的速度提高了，织布也就快了、轻松了。

不仅如此，黄道婆还在织布时加入了许多设计元素，她用错纱、配色、综线、挈花等技法，根据当时人们的喜好，设计出折枝、团凤、棋盘、字样等图案，原本平凡朴实的棉布顿时变得花样繁多。

至此，松江府的棉花产业链得到全面革新，焕发出新的生命力。松江府的棉布不但纺得快、质量好，款式也非常别致，很快就名扬天下，"乌泥泾被"成为当时的驰名商标。松江府一度成为全国最大的棉纺织中心。

到了明代中期，松江府的植棉业得到进一步推广和发展，大半土地种植棉花，达到了"棉布寸土皆有""织机十室必有"的程度。松江女农闲时产出的布匹，日以万计，而且纺出来的棉布被夸为"尤尚精敏"。

有些人以棉纺织为主要谋生手段，一天就能织好一匹。为了织布，她们可以整夜不睡，早晨抱着织好的棉布到集市卖掉，买了棉花回家，第二天一早又抱着新织好的棉布出来。这种通宵达旦熬夜加班，跟刘兰芝那时被迫纺织完全不同，是自愿的、兴致勃勃的、美好的。因为这种劳动的成果不再被隐藏在家庭中，评判标准也不再是别人兴之所至的夸赞或辱骂，而是实实在在的金钱。

松江所产的三梭布，比普通白棉布价格高一倍以上，成为一方特产，被作为贡品每年都向朝廷进贡，制作成皇帝的内衣。还

有一种名为"斜纹布"的高级棉布，匀细洁净，采用"经直纬错"的织法，有立体感，"望之如绒"，非常有名。明朝万历四十八年（1620）规定，白棉布一匹折银三钱，三梭布一匹折银六钱一分，斜纹布每匹折银一两。

此外，番布产自乌泥泾，相传为黄道婆所传授，质优价昂，图案精美，"一匹有费至白金百两者"。明成化年间（1465—1487），常常有人以此作为礼物送给公卿大臣、达官贵人，而且布织得越来越精美，甚至织出龙凤、斗牛、麒麟等图案。

女性能靠纺纱赚钱，地位就大大提升了。清代，上海出现了男子依靠妇女生活的现象，《上海县志》中记载："民间男子多好游闲，不事生业，其女子多勤苦织纤，篝灯燎火至达旦不休，终岁生资悉仰给于织作。"女子纺纱、织布带来的收入，成为家庭收入的重要来源甚至是主要来源。有时，一个女儿坐在家里纺纱、织布，收入轻轻松松就能跟她父亲、兄弟在田里辛辛苦苦耕作一年的收入相当。

有些姑娘心灵手巧，织出的布质量非常高，当地布庄愿意出最高价收购，她们被称为"顶价姑娘"。上门的媒人踏破门槛，身价倍增，家长亦引以为荣。这些姑娘不论婚前还是婚后，在家中地位都很高。在"父母之命，媒妁之言"的古代，她们可以凭自己的意志择偶，而且相对自由，只要跟意中人定了亲，就可互相往来。

有些女性甚至可以当家理财，家中内外大事都由妻子决定，这种男人被形容为"娘娘手里讨针线（零花钱）"。上海男人顾家，是有着深刻"历史渊源"的。

黄道婆对棉花产业链各环节的改造，不仅让织布的人发了财，连贩布、运布的也跟着沾了光。在《金瓶梅词话》里，西门庆娶潘金莲是为了色，娶第三房妾孟玉楼则主要是为了财。什么样的财能让横着走的西门大官人都为之心动，忽略她的寡妇身份和岁数也要娶进门？

只要看看说媒的薛嫂儿的介绍，就能明白了："这位娘子，说起来你老人家也知道，就是南门外贩布杨家的正头娘子。手里有一分好钱。南京拔步床也有两张。四季衣服，插不下手去，也有四五只箱子。金镯银钏不消说，手里现银子也有上千两，好三梭布也有三二百筒。"

明代，松江府成为全国棉纺织业的中心。贩布的商人纷纷携带巨款到松江收布卖到外地，携带的白银动辄数万两，多则数十万两。《那年花开月正圆》的女主人公周莹的祖父，就是这些布贩中的一员。

孟玉楼的前夫也是布贩，在贩布过程中去世了，家中还有老人、弟弟，按理说留给孟玉楼的绝不是全部财产，但已经令西门大官人心动不已，可见贩布累积的财富之厚。

在明代，松江府经济发达，赋税额为全国最高。松江的面积只有苏州的 3/10，赋税额却达到苏州的一半，苏州和松江两地上缴中央的钱粮总额超过了浙江全省，故有"苏松财赋半天下"之说。

松江所产棉布销往全国各地，乃至日本、英美等国都有松江布的消费者。早在乾隆初年，英国东印度公司就开始从中国购进土布。在贸易过程中，英商发现广州所产的土布穿洗后容易褪色，而松江布（英国人称为"南京布"）则久洗后依然色泽艳丽，松江布因此在英国风行一时，东印度公司的收购量从 2 万匹猛增到 20 多万匹。

与纺织相关的鞋业、袜业也在明代得到了发展。万历年间，松江城有了鞋店、袜店。以前，松江没有鞋店，均为自制，"万历以来，始有男人制鞋，后渐轻俏精美，遂广设诸肆于郡治东……此后宜兴业履者，率以五六人为群，列肆郡中，几百余家"。此间景象令吴梅村一直念念不忘："眼见当初万历间，陈花富户积如山。福州青袜鸟言贾，腰下千金过百滩。看花人到花满屋，船板平铺装载足。黄鸡突嘴啄花虫，狼藉当街白如玉。市桥灯火五更风，牙侩肩摩大道中。"

黄道婆的发明不但在江南一带传播开来，还通过丝绸之路传到国外。15 世纪，椎弓传入日本，被日本人称为"唐弓"。

黄道婆对棉纺织业的贡献巨大，几百年后被联合国教科文组织评为"世界级科学家"。

（五）棉产业刺激长三角城镇集群的形成和繁荣

黄道婆对棉花产业链各环节的改革，不但使乌泥泾及其附近居民靠棉纺织"家计就殷"，家家户户过上好日子，而且带动了很多后来成为上海市一部分的小乡镇繁荣起来。

靠棉布交易兴旺起来的小镇有朱泾镇、朱家角镇、娄塘镇等。

随着棉纺织业的发展，原本只是华亭县下辖的小镇朱泾镇，"万家灯火似都城……元室曾任置大盈，估客往来多满载，至今人号小临清"，热闹繁华得像都城一样了。现在，朱泾镇是上海浦南的重镇。

朱家角镇同样如此，"商贾辏聚，贸易花布，京省标客往来不绝，今为巨镇"。

娄塘镇更是如此，原本只是弹丸之地，后来，"虽系弹丸，而所产木棉布匹倍于他镇，所以客商鳞集，号称'花布码头'，往来贸易岁必万余，装载船只动以万计"。

靠生产各种纺织工具的小镇也富裕了。比如金泽镇，人们靠生产织布

用的锭子为生，当时有"金泽锭子谢家车"的说法；吕巷、七宝等地则专门生产纺车。

哪怕只是对棉布进行缝纫加工，也令奉贤南桥镇的很多人家过上了富裕的日子。

据记载，鸦片战争前，苏松地区（今上海市主要部分）大小市镇有200多个，已经形成了十数里一大镇、三五里一市的热闹景象。尽管上海繁荣起来，棉纺织业的发展不是唯一原因，但说是主要原因之一绝不过分。

明清时期，上海的航运主要是运输棉纺织品。

清代乾隆、嘉庆年间（1736—1820），上海黄浦有沙船3500艘。这种船，大的可载官斛3000石，小的可载官斛1500石~1600石。这么多的沙船之所以聚集上海，就是为了装载各地客商收购的棉布，运往天津、关东等地，然后再从北方运回其他物资，"上海士民以沙船云集上海，实缘布市，海壖产布，厥本黄婆"。假如不是黄道婆的种种改革，促进松江府棉纺织业的发展，从而带动航运的发展，上海就不能成为当时数一数二的港口。

此外，上海棉纺织业的发展还促进了长三角其他城镇的兴盛。人们曾将元明时期江南地区的棉花种植、棉布纺织的总体格局分为三个层次：

第一层次是南京、苏州、松江、杭州、湖州、扬州、无锡。

当时南京有很多较大的纺织店，府署西面有剪绒交易市场，又有绫庄，还有机店、梭店、箝店、挑花行、拽花行、边线行等。

苏州因纺织业发达，城市极为繁华，街道两侧商店鳞次栉比，市招林立，仅棉布店铺就有16家、棉花店铺6家，史称苏州"列巷通衢，华区锦肆，坊市棋列，桥梁栉比……货财所居，珍异所聚"。

不少明清画家都在自己的画作中描绘了江南城镇的繁华景象，比如明代仇英的《南都繁会图》、清代徐扬的《姑苏繁华图》。在这些画作里，可以看到许多卖布、卖衣服的店铺。

杭州，由于纺织业极其兴盛，工商人口占了大半，内外街衢，绵延数十里，跟几百年后成为淘宝发祥地的气质非常相似。

湖州，自明隆庆（1567—1572）以后，机杼之家，相沿比业，巧变日出，故"各省直客商云集贸贩，里人贾鬻他方，四时外来不绝"。

扬州的纺织品店铺亦比户相邻。

无锡则号称"布码头"，每年在此交易的棉布有数十百万匹，甚至还出现了专门放棉、收布的棉花庄。

第二层次由嘉定、常熟、崇明、通州、太仓、镇洋、宝山、青浦、金匮、桐乡、嘉兴等县级城市组成承上启下的过渡群带。

第三层次是由大量市、镇构成的市镇群，比如江阴华墅镇、吴江震泽镇、盛泽镇、乌程南浔镇等等。

城镇集群的力量不可小觑，当代的长三角城市群、珠三角城市群、京津冀协同发展区、粤港澳大湾区的规划和发展，都证明了城市组合发展的力量远比单个城市强多了。

这三层城镇集群非常重要。当中国历史走到屈辱的近代，即使欧洲和日本等地的棉纺织品大量倾销，沉重打击中国本土的棉纺织业，上海及其附近地区依然保留了中国本土棉纺织业的火种。

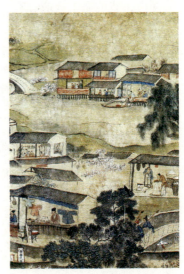

19 世纪 60 年代初，上海就出现了外商办的机器缫丝厂，之后华商也开始经营机器缫丝厂，中国民族资本主义逐

步兴起，其中很大一部分是长三角地区经营棉花产业者，而他们的资金也大多是过去从事棉花产业积累的。

1876年，李鸿章派人开始筹建上海机器织布局，并于1882年取得十年专利权，十年内只准本国人附股搭办。美国丰泰洋行经理魏特摩和英国人格兰特等人曾打算在上海成立一家经营纺纱的公司，结果被两江总督左宗棠和上海道台邵友濂逮捕了丰泰洋行的买办王克明。

当时新上任的美国驻华公使杨格掺和了这起事件，叫嚣："让中国人明白，我们是个政府，有力量维护我们的条约权利。"这里所谓的条约权利，自然指的是鸦片战争之后欧美各国强迫清政府签订的各种不平等通商条约。

对此，清朝总理衙门回复：支持上海道台，不准洋人在沪组建纺纱公司。

当年冬天，美国时任总统切斯特·艾伦·阿瑟命令炮艇"艾舒洛特号"进驻上海，支持美国在华的棉产业者。

即使在乱世中，以上海为中心的长三角城镇集群对棉产业的影响，连大洋彼岸的美国都高度重视。

支撑民族资本家和外来资本家不断在上海开厂，赚取丰厚资本的人力，主要来源于长三角破产的棉纺织手工作坊的工人和家庭手工业者。诸多身怀技能的人逐渐聚集在上海，为上海成为国际化大都市奠定了人力资源基础。

上海因港成市、因棉兴市，上海人数百年间不断受到棉花带来的恩惠。1929 年的那次选举，棉花当选为市花，实在是理所当然。正如《申报》所载："棉花为农产品中主要品，花颇美观，结实结絮，为工业界之原料，衣被民生，利赖莫大。上海土壤宜于植棉，棉花贸易尤其为进出口之大端。上海正在改良植棉事业，扩大纺织经营，用为市花，以示提倡，俾冀农工商业，日趋发展，希望无穷焉。"

(六)海之南的见证者

由于河道淤涸、倭寇焚掠等，乌泥泾在明嘉靖（1522—1566）之后逐渐衰落，至清嘉庆年间，已从地图上消失，令后人无从追寻曾在此生活过的黄道婆的踪迹。所幸，海南还留存着历史的"见证者"——黎锦。

黎锦精妙绝伦、色彩斑斓，黎族同胞用它制作包括筒裙、头巾、花带、包带、床单、被子（古称"崖州被"）等在内的多种产品。其色彩多以棕、黑为基本色调，青、红、白、蓝、黄等色相间，配制适宜，富有民族装饰风味，构成奇花异草、飞禽走兽和人物等图案。

范成大的《桂海虞衡志》记载："黎单""黎幕"宋代已远销大陆，"桂林人悉买以为卧具"。清代程秉钊用"光辉艳若云"来赞美巧夺天工的黎锦。

黎锦是中国最早的棉纺织品，已有 3000 多年的历史，堪称中国纺织史上的"活化石"，而且其纺织技艺至今仍保留于海南的黎族同胞中。

海南岛是黎族的主要聚居地，约有 130 万黎族人，也是中国最早进行棉花种植的地区之一。黎族没有发展出本民族的文字，人们将故事和情感都织进了黎锦之中，因此曾经几乎所有的黎族村寨都会纺纱、织布，这为保存黎锦的传统纺织技艺提供了"土壤"。一些黎族村寨至今仍保留着几千年前的纺、染、织、绣技艺：

1. 纺

黎族人将棉花采摘下来之后，首先用轧棉机脱去棉籽。

脱了棉籽的棉花经过蓬松处理后用于纺线。纺线可以用古老的手捻纺锤来完成，也可以用脚踏纺车来完成。

2. 染

纺好的棉线要根据需要染成不同的颜色，染料多来自山里的植物。

绿色：捣烂一种树叶得到的汁液，可以将棉线染成绿色。

深蓝色：将蓼蓝叶加工成靛蓝，棉线在靛蓝染液和空气中经过多次还原和氧化，最终成为深蓝色。

黑色：将当地一种树皮熬煮之后，加入食盐，就可以进行染色了。不过，要想得到理想的色泽，还要将棉线埋在污泥中数小时，清洗后才会呈现出真正的黑色。

紫色：将红丹果捣烂后，可将棉线染成绚烂的紫色。不过，为了固色，染好的线需要在太阳下晾晒一天后才可用于织布。

黄色：用黄姜水煮染上色。

黎族的织女充分运用大自然的各种材料，给棉线染上不同的色彩。

还有一种罕见的、相当富于艺术情调的絣染技艺，现在仍有少数黎族人运用这种染色方法。絣染时，先选取部分棉线作为经线，绷在木架上。然后用其他棉线扎起来，每隔一段距离扎一次，避免扎住的地方被染料着色。染色后，经线会被再次绷在线架上。之前扎上的棉线会被小心地去掉，露出原有的白色。用这样的经线织出来的布，白色与彩色相间，有种影影绰绰的美感。而且由于细节上存在差异，用这样的布做的每一件衣服都非常独特。

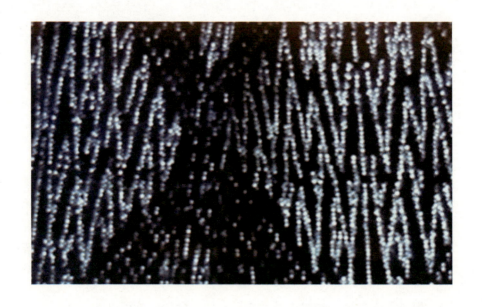

3. 织

　　早在春秋战国时期，黎族人便开始使用踞腰织机这种古老的纺织工具。踞腰织机是一种可以随身携带的织布机，与六七千年前半坡氏族使用的织机十分相似，是用竹、木等材料做成的。

　　由于踞腰织机构造简单，给操作机器的人留下了很大的发挥空间。经验丰富的黎族女性可以用身体各个部分协调运作，用踞腰织机织出精美、华丽的复杂图案，其提花工艺令现代大型提花设备望尘莫及。

　　用踞腰织机可以织出一百多种图案和纹样，主要有婚礼图、舞蹈图、青春幸福图、百人图、丰收欢乐图、人丁兴旺图、放牧图、吉祥平安图等，寄寓了人们对生育繁衍、子孙满堂和追求美好生活的强烈愿望。

　　通过夸张和变形的工艺手法，黎族人民把生活、生产场景反映在织物上，使图案造型具有可视性和艺术性。最有代表性的是婚礼图，它主要流行于乐东、三亚、东方等市县，是典型的人形纹样，它将黎族嫁娶习俗中的迎亲、送亲、送彩礼和拜堂等活动场面反映在筒裙上。

4.绣

黎族刺绣技艺有多种，主要分为单面绣和双面绣。双面绣只存在于黎族的个别村寨，因为在织物两面必须绣出同样的花纹、图案，它对技艺的要求非常高；而绣在黎锦中并不常用，黎族女子大都是织出丰富的图案。

这些原始技艺和纺织器具让人不禁心生慨叹：黄道婆虽"从崖州来"，但是此地代代相传的，依然是未经改造的原始器具，并没有巨人的肩膀供她踩上去以实现"飞跃"。经过长途颠簸到达上海以后，她的大脑里到底发生了怎样奇妙的反应，竟对棉花产业链上的种种事物进行了革新？！

清人包世臣对黄道婆做了一个相当唯心却不违和的总结："天怜沪民，乃遣黄婆……"老天爷怜悯上海民众，于是派黄道婆从海之南而来。这令人想起玛雅人关于带给他们棉花的羽蛇神的传说，羽蛇神同

样来自远方，同样跟"海"有关，完成所有技术传授的使命后，又回到了海上。也令人想到明明就无法大面积种植棉花的英国，却靠"地理大发现"获得了所需要

的关于棉花的一切。

海洋被称为"生命的故乡"。地球表面71%被海洋覆盖，陆地只占29%。地球上生存的100多万种生物种类中，有近90%生活在海洋，且无论是从门类还是从种类上看，海洋中的生物都远比陆地上的丰富。由于隔着巨厚的水层，人类对深海的了解还赶不上对月球表面的了解，甚至不如对火星的了解。棉花和海洋之间神秘的关联，也许永远都会被埋藏在深深的大海之下。

不过，从海南龙被倒是可以管窥名垂青史的乌泥泾被的踪影。

龙被又被称为"崖州被"，产地主要在古崖州地区，是集黎族传统纺、染、织、绣技艺于一体的结晶，也是黎族难度最大、文化品位最高、技术最高超的织锦工艺美术品，还是黎族进贡历代封建王朝的珍品之一，被形容为"天上取样人间织"。

在民间，龙被主要用于结婚、丧葬等重大活动。龙被的花纹图案色彩不同，用途也不相同：红色多用于红事，如结婚拜堂、子女祝寿、盖房升梁等；黑色多用于白事，如"做鬼"（一种法事）、盖棺等。

一幅龙被，不论是从色彩，还是从图案上看，都是比较完整的工艺美术作品，具有浓郁的地方民族特色。

织造龙被的过程复杂，从摘棉、脱棉籽、纺纱、染色到织绣完成，

需5～6个月的时间，甚至一年。一般来说，未成年人不能参与龙被的织造，技术高超且身体健康的人才能担任织绣龙被的工作。

织造龙被有浓厚的仪式感。在织之前，要请"三

伯公"（道公）来"割红"进行宗教仪式，请神灵保佑织造者眼明手快，早日完成织造任务，之后才能动工。龙被织完后也要举行仪式，感谢神灵保佑，使龙被如期完成。

从开始起步到完成织绣工作的这段时间里，不管需要半年还是一年，每天都不能间断。不论工作多忙、家事多累，一旦开始缝制龙被，就必须坚持每天织下去。哪怕忙不过来也要拿出织物动一动或者绣一绣，否则龙被就不灵，老祖宗不认。

过去，龙被的地位非常高。再贫穷的人家，父母去世时，子女倾家荡产都要凑钱买一床龙被回来，否则父母不能安息，丧葬也不顺利。

黄道婆也特别擅长做被子。著名的乌泥泾被如今我们已经无缘得见，但假如它是在龙被的基础上创造出来的，那么在明成化年间传入皇宫，受到嫔妃的异常喜爱，价格被炒到百金，倒也不算匪夷所思。

可惜，如今用脚踏织机织龙被的方法已经失传，刺绣缝制龙被的方法也已经没了。踞腰织机织法只在少数地区仍然存在，已濒临失传。

作为中国 34 项世界非物质文化遗产中的一项，黎族传统纺染织绣技艺同样面临一些困境：

在番道村，过去黎族女孩从小就要跟着母亲学习传统纺织技艺，直到能为自己准备嫁衣，而且她们纺织制作的衣服要以能传给外孙女穿为前提。因为这里的新娘走进男方家时所穿的那一身嫁衣，必须是外婆传下来的嫁衣。在经济发展和外来文化的影响下，黎族人的生活发生了变化。近半个世纪以来，许多年轻女性不再学习传统纺织技艺，也不再具备制作民族服饰的能力，自古延续的母系传承链开始出现断裂。

同时，市场上出售的工业纱线、化工染料等也对传统纺织技艺造成了巨大冲击。

　　另外，当老太太去世时，她们会带走自己最好的一套服饰和工具，这是黎族的习俗。她们也带走了积累一生的纺织技术。据当地宣传资料显示：20世纪50年代，掌握传统纺、染、织、绣技艺的妇女大约有50000人；到了2009年，掌握传统纺、染、织、绣技艺的妇女不足1000人，其中掌握核心技艺者不足200人，掌握双面绣技艺的只有5人，已经没有人完整掌握龙被制作技艺。

　　令人欣慰的是，政府和民间人士都正在为之努力；可敬的是，还有一些老人仍然执着地教授着年轻人，她们最大的愿望就是能让这种技艺一代一代地传承下去。

　　据了解，为保障黎锦原材料的供应，从2012年起，保亭县开展了黎锦原材料生产种植基地建设，以租用农户种植园的方式，让农户在自家的种植园里套种或间种黎锦原材料。政府的支持让传统文化得到了一定的保护和传承。从古代流传下来的"火苗"，曾经"照亮"过黄道婆的发明之路，也许在未来的某一天，我们还能从中汲取力量，"点亮"另一项发明。

第 3 章
棉花：人类战胜沙漠化、
改善盐碱地的战友

一、林则徐：谪戍新疆，与棉结缘

1840 年的鸦片战争，清政府战败。力主禁烟的林则徐被当成了替罪羊，先是被就地革职，接着又被发配到新疆伊犁。

此时林则徐已经 56 岁，最悲苦、最艰辛的日子降临了。他的老友、两江总督裕谦在抗英战斗中以身殉国；曾一同治水的朋友、军机大臣王鼎为了保他，也为了国家利益，不惜自缢向道光帝尸谏；再加上年事已高、积劳成疾、戍途奔波，林则徐到西安后就卧床不起了，大病两个月。

等到身体稍好，林则徐和儿子继续西行，走过风沙滚滚的大漠戈壁，走过冰天雪地的天山山脉，经过四个月的长途跋涉，终于在 1842 年 12 月 10 日到达新疆伊犁戍所惠远城。

这一路走来，其中的艰辛绝非常人能忍受。林则徐写了两首诗形象地描绘了当时的情况：

沙砾当途太不平，劳薪顽铁日交争。

车箱簸似箕中粟，愁听隆隆乱石声。

天山万笏耸琼瑶，导我西行伴寂寥。

我与山灵相对笑，满头晴雪共难消。

　　此时新疆已是滴水成冰的寒冬。所幸，这里也是中国最早植棉的地方之一，迎接林则徐的是许多温暖。伊犁将军布彦泰知道林则徐虎门销烟的壮举，并没有因为林则徐是"罪臣"而轻慢他，而是既热情又敬重：在林则徐抵达伊犁边界时，布彦泰两次派人前去迎接；等林则徐到戍所后，布彦泰又派人送去米、面、猪、羊等；林则徐旧疾复发后，布彦泰送给他膏药、鼻烟壶等；平时，布彦泰还用"官封"帮林则徐寄信，借《京报》给林则徐阅读；此外，布彦泰还委林则徐以实务——执掌粮饷处事。林则徐的《衙斋杂录》中的部分内容即来源于《京报》，该书主要抄录了清代经营新疆的资料，且以屯田情况为主。

　　屯垦戍边在我国有着悠久的历史。自汉朝以后，屯田就成了封建王朝政府治理西域的一项重要措施。在中国古代，除了两汉之外，就属唐、清两朝在西域屯田的规模较大、成效较显著。清政府之所以能在西域屯田方面取得较显著的成效，跟林则徐密切相关。

　　1844 年，林则徐协助布彦泰开垦阿齐乌苏废地，并"情愿认修龙口工程，藉图报效"。他带着民工，挑沙挖石，建坝筑堤，钉桩抛石，苦干四个多月，用工十万以上，完成了艰巨的引水渠

龙口工程，十万多亩土地得到灌溉，还不误春耕。当地民众为表达对林则徐的敬佩与怀念，称之为"林公渠"（今人民渠）。

布彦泰在向道光帝上奏时，大力赞赏林则徐的表现，希望朝廷对林则徐"弃瑕录用"。没料到，得知此事的道光帝下旨，让林则徐到南疆阿克苏、乌什、和阗等地勘丈地亩、兴办水利、招民安户、考核工费。接到圣旨，60岁的林则徐在三儿子的陪护下，冒着严寒，于1845年1月沿着天山北路去乌鲁木齐，再经吐鲁番，走天山南路，历时近一年，行程三万多里，所到之处兴修水利、开荒屯田。

林则徐在前往吐鲁番途中，行至离吐鲁番城四十里处，见到很多土坑，水在土中穿穴而流，他大感惊奇，向当地人请教后才得知是卡井（坎儿井）。

原来，吐鲁番盆地虽然干旱少雨，但北部有博格达山，西部有喀拉乌成山，春夏时节有大量融化的积雪和雨水流下山谷，潜入戈壁滩下。人们巧妙利用这珍贵的水源，在高山雪水潜流处寻其水源，挖一个暗渠，长度不一，每隔一段距离打一口通地面的竖井，各个竖井的深度沿山坡往下逐渐减小。水一直在暗渠中流动，蒸发量较少，一直流到田庄附近才经明渠流出地面，灌溉农田。

林则徐了解详情后，认为坎儿井有利于灌溉，应增加穿井渠，鼓励民户自挖。他还在新疆各地勘地时积极推广坎儿井，取得了显著成效。

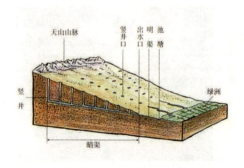

继任伊犁将军萨迎阿在林则徐推广的基础上继续大力加强新疆的水利建设，据《清史稿·萨迎阿传》记载："吐鲁番掘井取泉，由地中连环导引，浇灌高田，以备饮水所不及，

名曰坎井。旧有三十余处。现因伊拉里克户民无力，饬属捐钱筹办，可得六十余处，共成百处。"

原本干旱的土地上，一片片绿洲出现了。30 年后，随钦差大臣、陕甘总督左宗棠进疆的幕僚施补华来此，但见家家垂柳，处处回流，白发老人流着泪怀念林则徐的功德。

当地人民不忘林则徐推广的引水方法，称之为"林公井"。后来还有人把坎儿井与万里长城、京杭大运河并称为"中国古代三大工程"。

新疆是我国最早种植棉花的地区之一，非洲棉（原产于非洲，又称草棉、小棉。一年生，植株矮小，叶小，生长期短，产量低，品质亦差，但早熟、耐旱）在西汉中期时已由中亚传入，在楼兰遗址（西汉末至东汉初）中发现过棉布残片，在新疆民丰县的墓葬中也发现了东汉时期的棉织物。到了南北朝时期，新疆已经广泛种植棉花并使用棉布了。林则徐的垦荒和水利建设，无疑大大增加了新疆各种农作物（包括棉花）的种植面积和产量。

新疆又以吐鲁番最适合棉花生长。吐鲁番日照时间长，气温高，昼夜温差大，年日照时数超过 3000 小时。由于北部天山的屏障作用，吐鲁番的无霜期平均每年达到 268.6 天，最长的达到 324 天，是中国长城以北无霜期最长的地方。这里很早就成为我国西北植棉和棉纺织基地，也是棉布等产品的贸易中心。

从吐鲁番的出土文物来看，唐代以前，棉花的用途已经很多，棉絮除了用于填充棉衣外，还被用来做粉扑、灯捻等；棉布除了用于做衣服外，还被用于做床单、餐布、手帕、裙裣和口袋，甚至还用来充当流通手段和借贷物。在吐鲁番阿斯塔那高昌时期的墓葬里就发现了一张和平元年（551）借贷棉布的契约，一次性借贷棉布达 60 匹之多。

林则徐还在新疆大力推广内地的纺车、织布技术，据《新疆图志》

记载："吐鲁番地燥多沙，产棉尤盛。林则徐初至西域，教民制纺车，学织布，民号曰'林公车'。"

1845 年 12 月 4 日，林则徐终于得以结束流放新疆的生活，他在哈密接到上谕："林则徐自饬派查勘以来，自备资斧，效力奔驰，将近一载，著有微劳。著饬令回京，加恩以四五品京堂候补。"没过多久，正在回京路上的林则徐再次接到谕旨，命令他不必来京，以三品顶戴署理陕甘总督。

林则徐逝世后，同治至光绪年间（1862—1908），英国杜莎夫人蜡像馆特地为林则徐、郑淑卿夫妇制作蜡像，成为少数可长期展出的名人蜡像，以表敬意。

二、新疆生产建设兵团和新疆棉产业的腾飞

林则徐离开了，他"浚水源、辟沟渠、教民耕作"的成果留在了新疆，继续滋养着这块土地。

清末到民国时期，中国棉花产量忽高忽低、植棉业进展缓慢。全国棉花总产量 1919 年是 1056 万担，1936 年是 1697 万担，1948 年降到了 1010 万担。新疆的表现十分亮眼：1915 年新疆棉田面积是 44.4 万亩，总产量为 17.9 万担；1939 年新疆棉田面积增加到 99.9 万亩，总产量增加到 28 万担。

不过，1944—1949 年，新疆屯垦再次衰落，北疆屯垦遭到破坏，南疆屯垦陷入瘫痪。

新中国成立后，新疆的棉产业开始真正地飞速发展。

1950 年，为巩固边防、加快发展，减轻新疆当地政府和各族人民的

经济负担，驻新疆的中国人民解放军将主要力量投入到生产建设之中。时任中共中央新疆分局书记、新疆军区代司令员兼政委的王震果断地提出："全体军人一律参加劳动生产，不得有任何人站在生产劳动之外。"在没有房子住、工具不足，没有蔬菜吃、用盐水下饭、断粮时有发生的艰苦情况下，部队开荒 5.667 万公顷，生产粮食 3427 万公斤，收获棉花0.75 万担，代农民上缴粮食 500 万公斤。

　　1954 年 10 月，根据上级命令，中国人民解放军驻疆第二、第六军大部，第五军大部，第二十二兵团全部，集体就地转业，脱离国防部队序列，组建"中国人民解放军新疆军区生产建设兵团"，接受新疆军区和中共中央新疆分局双重领导，其使命是劳武结合、屯垦戍边。兵团由此开始正规化国营农牧团场的建设，由原军队自给性生产转为企业化生产，并正式纳入国家计划。

　　1949 年，新疆有棉田 33350 多公顷，总产量为 10 万余担。经过新疆生产建设兵团的建设，1959 年，新疆棉田已达 14 万多公顷，总产量为 114 万余担。

　　新疆不但棉花产量高，而且高品级棉花比例大，是我国唯一大量生产长绒棉的地区。

　　长绒棉，棉中的极品，顾名思义，纤维长度很长，一般可达到 35 毫米，细度 7000 米 / 克，强度 4.5 克力 / 根。购买床上用品时，如果看到面料是全棉，却透出真丝的光泽，这种面料就应该是用长绒棉做的。有些纺织品用途特殊，必须使用长绒棉制作，比如高级大胎帘子布、防化与防原子辐射布、导火线、降落伞和高档纺织品等。

　　过去，我国没有种植长绒棉。为发展长绒棉生产，1954 年农业部指示在云南、广西、广东、福建和新疆五省（区）进行引种试验。经过试种，新疆地区成功了。

长绒棉在棉花分类上属海岛棉，与陆地棉相比，长绒棉的生育期较长，主要表现在开花至吐絮的铃期长达 10 ～ 20 天，因此需要较多的积温和更充足的光照；生长势较强，对水肥更为敏感，掌握不好更易徒长和蕾铃大量脱落，所以更适于种植在干燥而有灌溉条件，且便于人工控制的地方——这些条件，新疆恰好都符合。

而且新疆在种植棉花方面有许多独特的优势，比如病虫害种类少，危害程度轻，特别是没有红铃虫危害和极少发生烂铃，这就减少了防治病虫的劳力与费用，降低了生产成本。

新疆的棉花吐絮也好，絮色白，品级高，常年一、二级花在 80% 以上，受到国内外的一致好评。专家们认为它可与美国加利福尼亚州的爱字棉媲美。

在试种成功的基础上，新疆长绒棉种植面积不断扩大，产量逐步提高。从 1993 年开始，新疆的棉花种植面积、单产量、总产量、质量、调出量都保持全国第一。

1999 年，新疆棉田面积为 9.7 万公顷，总产量为 3000 万担，棉花产值达到 95.97 亿元，占新疆农业总产值的 41%。

2010 年，新疆生产建设兵团以占全国 10.27% 的种植面积生产出占全国 19.29% 的棉花，在种植水平、管理水平、平均亩产、销售量等方面均居全国首位。兵团 60% 以上的职工收入来自植棉，团场农业利润的 50% 以上与棉花产业有关。

到 2014 年，新疆的棉花总产量已经连续 20 年位居全国第一。

近些年来，新疆进一步突出了以"一白（棉花）一黑（石油）"为重点的优势资源转换战略，提出要把新疆建设成全国最大的优质棉花生产基地、西北最大的优质纱布生产基地和全国重要的石油和石油化工基地。

根据国家统计局的统计，2017 年新疆植棉面积达到 1963.1 千公顷，产量达到 408.2 万吨，占全国棉花总产量的 74.4%。

三、棉花产业里的一个个现代传奇

20 世纪 80 年代中期以后，中国常年占据世界上最大的棉花生产国和消费国的地位。进入 21 世纪后，中国又成为世界最大贸易进口国，在世界棉花市场占有举足轻重的地位。

无论是 7000 年前的印度河流域、几百年前的欧美，还是如今的中国，只要是棉花"活跃"之处，总是"相伴"着一个又一个传奇。

在 2010 年的棉花超级牛市，年仅 29 岁的棉花期货操盘手林广茂成为传奇人物。2003—2004 年，他用 2.8 万元本金做期货，在一个月时间炒到 15 万元，又用了半年时间达到 600 万元。2010 年，投入 600 万元做多棉花期货，持仓 3 万手，从浮亏 60% 到顶部平仓，资金翻 220 倍至 13 亿元。2011 年，反手做空棉花期货，费时 9 个半月，2 万吨空单赚 7 亿元。创造了惊人的交易记录和令人津津乐道的财富神话。据说他的账户里曾经有 3 万手棉花，每手棉花是 5 吨，够好几家工厂开工一年以上。

也有些企业，每年在新疆租赁 6 亩土地种植棉花，年产高品质棉花 2.5 吨，用这些棉花专门生产出口美国的高档服装，每件衣服能卖到 1500 元，一年创造几亿元产值。

除此之外，千千万万的普通劳动者，包括棉农、棉花长工、摘花工等，也和棉花一起成长、奋斗和改变，创造着一个又一个微小却弥足珍贵的传奇。

　　就新疆而言，棉花产业的崛起，改变了新疆农业在全国经济格局中的战略地位，改变了新疆的生态环境；棉花生产成为新疆农业和农民收入的重要来源，给新疆棉农的生活带来了翻天覆地的变化。

　　在新疆，"棉农"两个字不再意味着贫困。新疆的每户棉农少者拥有 200 ～ 300 亩棉田，多者甚至高达千亩。他们采用机械播种、收割，雇佣工人定苗、打顶和掐尖⋯⋯他们是中国历史上最富裕的棉农，这种生活是他们的祖辈不曾想到的。

　　借助于现代发达的交通和影像技术，从 2014 年起，我们走遍了中国大半的棉田，海南、河南、湖北、江苏、新疆⋯⋯从种子落地到漫山遍野碧绿如染，从满地嫩黄花蕾到一夜间"姹紫嫣红"，从压弯了枝头的棉桃到"忽如一场冬雪白"，从中国南端到西端，我们一路观察、感受并记录棉花和人类之间密不可分的"羁绊"。

　　尽管前面已述及古今中外许多因棉花改变命运的人物，但没有哪个时代像现在这样细致、具体地记录下"撰写"棉花历史的一个个普通人。他们也许并不伟大，一开始只是为了吃饱饭，后来却在盐碱地里跟棉花一起"开天辟地"；他们也许并不崇高，只是为了发财，后来却跟棉苗一样饱经打击而坚韧不拔；他们的人生并非一帆风顺，却有勤劳和棉花作为人生最大的底气……

（一）老军垦和棉花共同创造绿洲、创造历史

　　2016 年 8 月，我因工作第一次去了新疆石河子。当时印象最深的是迟迟不落的太阳，晚上 10 点钟还能见到夕阳，真是一种绝妙的体验！

　　不过，最令我感兴趣的是晚上 10 点钟夕阳下一对头发斑白的老夫妻。他们家在我住的旅店不远处，夫妻俩总是坐在小区门前清理棉花。老爷爷年纪大了，看不清棉花上的细屑，只是缓缓地接过奶奶手中清理好的棉花，再慢慢地把它放进布袋里。

这个动作令我好奇：老爷爷为什么不直接让奶奶把棉花丢进布袋子里？

后来某一刻，看着他们头上的银发和默契的动作，我忽然顿悟：也许这个动作代表着爷爷和奶奶共同完成一件事吧。他们的生活应该都是这样相互扶持、相濡以沫，你中有我、我中有你，直到白发苍苍。

这可真美！

由于出行需要，我几乎每天都要从这两位老人身边往返多次。我总是小心翼翼，生怕惊扰了他们的专注。

不过，我明显的外地人装束和陌生感还是引起了他们的注意。

再一次经过时，奶奶忽然抬起头冲我笑了笑。刹那间，我的心迅速靠近他们。几声寒暄过后，我终于坐下来，跟这对最吸引我的老夫妻闲聊了起来。

这对名叫王良和高秀英的夫妻，是石河子非常典型的老军垦，祖籍都是河南。王良 1929 年出生，87 岁。高秀英 1939 年出生，77 岁。

我忍不住问奶奶："那您什么时候来新疆的？您初次见到的新疆是什么样子的？"

她对我这个倾听者的到来和一连串的提问表示很欣喜，放下手中的棉花，慢慢跟我讲起了他们的故事。

虽然离家已经 50 多年，但高秀英一刻都不曾忘记家乡的模样。在她的记忆里，那一年的河南，生活异常艰难，一天有一顿米粥吃就算很殷实的人家。当村里的树叶和树皮都被吃光时，她听到了一个消息：新疆在招女兵，包吃包住。

想着能有口饱饭吃，高秀英和同村的四个姐妹商量着去当女兵。她娘一听要去新疆，感觉那里是遥远的边疆，顿时害怕得哭了起来。

她安慰道："娘，你哭啥，一个个都围着你，你拿啥给我们吃？把粮食节省下来给弟弟妹妹，我的离去或许能换回他们的命。而且，我出去了，说不定能混好呢。娘，你放心！"

就这样，高秀英离开生活了 20 年的家乡，同四个姐妹一起走到了 100 多公里外的招募点。

1959 年，20 岁的高秀英来到了新疆。车快到红星农场的时候，看着眼前连绵不断的、荒凉的戈壁滩，她不由得担心起来。仔细看时，发现四处都是小土包，像坟头，她顿时不寒而栗："呦，你看这里怎么死了那么多人，有那么多坟头呀？"

司机笑了，告诉她那是房子。她半信半疑道："房子，那是啥房子，能住人吗？"

下车以后，她才明白那真的是房子，叫地窝子。就是在地上挖个坑，拿胡杨树当作梁，用红柳枝盖个顶，就成了不到十平方米的住人的

"房子"。

她的心顿时凉了半截。

"当时心想这哪是房子啊，就是个土坑！"

在地窝子里睡觉，遇到刮风天气，尘土直往下掉，只好在头上蒙个面粉袋子继续睡。最怕的是遇到下雨天气，一旦灌进雨水，就要赶快拿水桶、脸盆往外倒积水，否则被水一泡，整个地窝子就会倒塌。

地窝子只有一个小小的天窗，房子里白天几乎都是黑的。晚上，她和许多女职工一样，坐在煤油灯旁缝衣物、纳鞋底，靠烧红柳棍取暖。过了一个夜晚，脸上被熏得黑漆漆的。

王良比高秀英早来新疆。1956 年，27 岁的王良就在河南参加了新疆的织编队伍，投身于戈壁滩上的水库建设。1961 年，王良调到红星农场，遇到了 22 岁的高秀英。

也许是因为同乡兼战友的关系，他们彼此感觉都很亲切。王良的体贴和细心，让来新疆不久的高秀英做了个大胆的决定：1961 年 8 月 1 日，她和相处不到五个月的王良结了婚，成为红星农场第一对新婚夫妻。

结婚当天，他们住在连队挖的公共洞房。

所谓公共洞房，其实就是宽敞一点的地窝子，里面可以摆放床和家具。

但是，这个洞房只能让连队的人在新婚当天使用。之后，他们就被分住到集体宿舍，把洞房让给下一对新人。

王良和高秀英只好搬进一间大的地窝子。当时，那个地窝子里已经住了三对新婚夫妻，每对夫妻居住的地方小得只能放下一张床，而且床和床之间离得很近。到了晚

上，大家只能用布帘或芦苇帘隔开。

大家也笑称这个集体地窝子为"公共洞房"。

在"公共洞房"里，他们住了近一年，后来有了自己单独的地窝子。

说到这里，高秀英感叹道："我们住地窝子的时候，根本想不到会住楼房，当时最大的理想就是不住地窝子了，住个土平房。"

那时候一切都很难。石河子的冬天是最难熬的，气温在零下四十几摄氏度，冷得不敢断火、不敢出门。唯一的取暖材料是到处挖的琵琶柴。琵琶柴虽然叫柴，其实就是小灌木。石河子也有树，都是他们亲手种下去的，刚种下去，不允许砍伐，他们也舍不得砍。

取水也很费劲儿。冬天的时候，他们会先挖个大坑，然后去40公里外的湖边用绳子拉冰块，将冰块埋到坑里，之后一年，春夏秋冬四季的主要饮用水就靠这坑里存贮的雪水。

不过，他们住土平房的理想早在1978年就实现了，靠的正是他们的勤劳——不停地开荒、种地、植棉。

就在王良到红星农场的1961年，石河子的人开始种棉花，但是棉花的产量不高，棉株高而棉桃少。因为当地无霜期相对于世界其他植棉地区短，常常有很多棉桃还未来得及开放就被冻死，造成绝收，所以农场的棉花种植不得不以"早、密、矮"的模式为主。

1967年，高秀英开始带头种植矮化棉花。农场里的每个人承包20亩地，她家一共承包了80亩地。一家能有80亩这么多的土地，以前在河南的时候，他们想都不敢想。

他们家的矮化棉花种植得非常成功，棉花得到丰产。他们有了厚实、暖和的新棉被，也收到了比以前更多的工资。

在高秀英看来，那真是自己一段辉煌的历史：开荒，带头种植矮化棉花；令自己最骄傲的本领就是"三只手摘花"——左右手皆能摘花，还能用嘴巴叼走棉花上的叶子。

那时候大家都争先恐后，相互比拼，摘好后拉到镇上卖。

1980 年以前，棉花的价格是 1 毛钱 1 斤，1 车棉花五六吨，能卖200 元，这可是笔巨款。那个时候，大城市上海一个青年工人工作三四年后，一个月工资也不过 36 元。

自此之后，生活开始一年比一年好，一年比一年更好。

现在，老两口早已退休，退休工资每月 5500 元左右，住在两室一厅的小区房里。

不过辛劳了一辈子的军垦人不愿闲下来。每到收棉花的时节，高秀英就会背起花包，在路边拾起从大卡车上掉落下来的棉花，捡回来后，跟王良一起，一朵一朵地清理。

"这些棉花浪费了多可惜呀，这可是辛苦劳作得来的呀！"

8 月中旬晚上 10 点，黄昏迟迟不愿离去，天空明亮，就像这座城市永怀的希望。

我抬头望去，远处的棉田里密密麻麻、矮小的棉株上结满了棉桃，每一株都被压弯了腰，在晚风中轻轻摇曳，过去一望无垠的荒漠早已消失。

我问："爷爷，您来到新疆有后悔过吗？"

"不后悔，从来不后悔，吃的、喝的、住的，还有一大家子，多好呀！这辈子没啥遗憾！"

石河子市的玛纳斯河流域位于北纬 44°，曾被外国专家断言为"植棉禁区"。1950 年，新疆生产建设兵团首次成功在"植棉禁区"种植了棉花。1955 年，农七师、农八师种植的 8.2 万多亩棉花，平均亩产籽棉158.4 公斤。

石河子的一项农业调查报告显示：新疆作为国家优质棉生产基地，2010 年棉花产量占全国的 41.59%。其中，新疆生产建设兵团的棉花种植面积占全国的 10.27%，产量占全国的 19.29%。

用双手创造自己的生活，创造绿洲，一不留神也创造了历史。人生至此，了无遗憾！

（二）新疆沙漠里的棉农

石河子位于古尔班通古特大沙漠南缘。古尔班通古特大沙漠西南部有蜂窝状沙丘；西部若干风口附近风蚀地貌异常发育，裸露的石层被狂风"雕琢"得奇形怪状，有的龇牙咧嘴如怪兽，有的危台高耸形似古堡……

现在，人类和棉花一起，依靠现代植棉科技的帮助，正一步步征服原本面目狰狞的大沙漠。

2017 年 4 月，正逢新疆 147 团开始大面积机械播种棉苗，我再次来到石河子。野外的沙漠地带有成千上万的沙洞，藏着上百种"小精灵"，它们于清晨和傍晚时分在沙地上留下深深浅浅的足迹：沙鼠飞驰而过，留下一串串小脚印；刺猬们探头探脑地窥视周边的环境；胆大的蜥蜴则大摇大摆地出没，活像吃撑了的小胖子……一旦太阳出来了，它们便蜷缩回沙洞里，四下一片死寂。强烈的阳光令沙石变得滚烫，除了勇敢的人和棉花，没有其他生命敢于脱离大自然的荫蔽在此"绽放"。

与世界其他植棉地区相比，新疆无霜期较短，寒冷天气来得较早。为避免大量棉花被冻死造成歉收，新疆的棉农每年都会赶在 4 月 20 日之前播种。

他们驾驶大型播种机，用锋利的犁刀挖开沙土。播种机其实是集播种、铺管、覆膜于一体的全套种植设备。它一边翻开沙土，一边铺下滴灌的细管（方便后期机械化施水肥，节省水资源），同时又给翻开的沙土铺上地膜（新疆温差大，4 月初，石河子白天温度最高 20℃，晚上却可能降到 4℃，铺上地膜可以有效避免棉苗冻死，也有助于提升棉种的发芽率）。

令人惊讶的是，播种机还能精准地辨认单双穴，在地膜上打出 2 ~ 3 厘米的孔，按照单穴一粒、双穴两粒的量，自动投掷棉种进去种好。

最后，播种机在种好棉种的地膜上覆盖 1 厘米的泥土，防风固沙。

棉农谭先生在这里种了 30 多年的棉花，几乎经历了新疆植棉业所有的革新：在灌溉方式上，经历了从淹灌、喷灌到滴灌三种模式；在播种方式上，经历了从条播、膜下点播到膜上精量点播三种方式；棉花的品种也换了好几代。他每年的纯收入从以前的几千元增长到现在的 10 万元以上。

在石河子，我还碰到了 44 岁的棉农范玉枝。她的丈夫 7 年前因车祸去世，留下她和 11 岁的女儿相依为命。但是靠着家里的 70 亩棉花地，她一个人养活女儿，还供她上了大学。她说，她从来没害怕过扛在自己身上的重担，因为她知道那 70 亩棉田足以支撑她们的一切花销。

　　棉花不仅给了新疆棉农应对一切困难的勇气，植棉产业也形成了一条完整的产业链，给许多人的生活带来机会。

　　每到 4 月初，与播种机同时出动的还有成百上千的棉花长工。他们从五湖四海，带着妻儿，坐着火车赶往这片长满棉花的土地，为棉苗长出来以后的精细化耕种而工作。

　　为了让棉苗更苗壮地生长，保证存活率和产量，新疆棉农往往会选择人工再次定苗：挑选合适的壮苗让强者活下来，剔除弱小的不良苗。这些胜出的棉苗接下来将进入时长 120 天左右的疯狂生长期，需要对它们进行打顶、除杂、浇水和打药。由于棉田面积非常大，还特别需要水、肥等精细化耕种。这些工作需要耗费大量人工，棉花长工便应运而生。

棉花长工大多来自四川、贵州、河南等地。赵月新就是这样一个做了8年棉花长工的四川人，他带着家人，在新疆围绕着棉花而劳作，甚至让孩子们也在附近上学。石河子便成了他们的第二个家乡。这些棉花长工在新疆工作4个月，便赚到了够全家生活一年的工钱。

当棉花长工们的工作完成，棉花成熟，一场别开生面的摘棉花大迁徙又开始了。

从2005年开始，媒体注意到：8～9月时，郑州铁路局会发出94列采棉专列，运送26.7万民工去新疆采摘新棉。新疆棉花行业的大发展，使收捡棉花便需约80万劳动力。正好河南人口居全国之冠，也是农业劳动力大省，采棉专列的开通让许多人得以很方便地前往新疆工作。

不仅是河南，还有河北、山东、安徽、甘肃、四川等地，每年8～9月间都有许多人去新疆摘棉，总数达50万人。

这些人大部分为女性，她们把摘棉花称作"摘花"。摘花不仅创造社会财富，亦增加自己的收入。2013年，去新疆摘花，摘一公斤可获报酬1.9～2.3元，熟练工每天摘花至少80公斤，每天平均可收入160元左右。摘花期一般是两个月，她们的收入可达9000元，手快的摘花工还不止这个数。有了这笔收入，她们便存够了孩子上学的花费，或者可以给家里添上一两件大家电，而且摘花带来的满足感远远超过做家务所带来的。摘花所得收入是棉花长工们在老家全年收入的2/3，摘花成绩优异的人可以获得免费火车票奖励，其中特优者还可获得免费回程机票。

收获完毕后，绝大部分棉花将会被棉农运往团场或更远的地方，以满足市场的用棉需求；另一些则是留给自己，用以在即将到来的冬天维持自身的温暖与舒适。剩下的棉籽被榨成油，精炼后可以食用；棉秆可以直接回田，作为肥料改善土质，令人期待来年的沃土；棉核和叶子被碾碎成青饲料，可以供养牛羊……棉花，养活了无数家庭，也让这片土地生机勃勃。

近年来，随着科技的发展，机采棉被广泛使用，摘花工的需求量随之逐年减少。但是无论如何，在过去相当长一段时间里，他们曾和棉花一起度过，也绝不该被历史遗忘。

他们来自不同的地方，前往同一个目的地；拥有不同的梦想，承载同样的希望。

居住环境已不能用"简陋"形容，可比起梦想，这些不值得一提。

年少的他们已然承担起远比他们的年龄要沉重的负担。

在不幸的婚姻里，她用双手给儿女撑起了一片天；在炙热的棉田里，她用歌声驱散了摘花人的疲惫。乐观者远比悲观者幸福！

这是一双被岁月老化的手，也是一双被棉花刺得伤痕累累的手，更是给家人创造希望的手。

午休时，过磅的瞬间是他们最期盼的时刻，也是他们计划下午要摘多少的依据。他们最开心的是，自己摘的棉花一次比一次多。

过磅后，棉花被装进拖车里。此刻他们便可安心离去，去等待送来的午饭。

在丰收的季节里，一辆辆载满棉花的拖车排列有序，准备进入团场的棉花加工厂，这里就是棉农与棉花分别的地方。

晚上 10 点，天终于黑透。为了留更多的时间给摘花工摘棉花，棉花经纪人把晚饭推迟到了晚上 10 点，此刻他们陆续回来开始吃晚饭。

为了让他们留下美好的回忆、卸下身体的疲惫，我们买来一些简单的东西，准备好音乐，办了一个简单的篝火晚会，来自四川彝族的摘花工们欣然与我们共舞。

（三）盐碱地上的开荒人

新疆这片广阔的土地上有死亡亿万年的苍茫大海，横亘千里的万山叠嶂，驼铃悠悠连通欧亚的千年古丝绸之路，沉睡无数世纪的广袤荒原……精河县石头城则充分体现了新疆"早穿皮袄午穿纱，围着火炉吃西瓜"的经典气候。

石头城位于天山脚下。我们初次走访这片土地是 2017 年 9 月，白天气温最高能到 42℃，夜间气温却会骤降至 –34℃。足足 76℃的温差，不是一般生物所能承受的，盐碱地里全是石头，所以被称作"石头城"。

然而棉农却用最原始的方式开荒种地，让棉花在此开出花来。

20 多年前，许先生和村里五个人一起离开河南老家到新疆打工。听说种棉花能赚钱，精河县又鼓励开荒种棉，他们六个人便兴致勃勃地

来到这里，准备大干一番。

可到这儿后，他们全都傻了眼。一望无垠的石头地里杂草丛生，压根见不到一株棉花。后来经植棉专家讲解、培训后，他们才开始有了干下去的希望。

"第一年，我们就全身心地整地，改善土质。凭着对未来的期望和一腔热血，我们总会搬石头搬到凌晨一两点钟，匆匆歇息后，早上五六点又起床接着干。"

石头实在太多了，捡完表层的，稍微一松土，下面又是石头，就像永远也捡不完似的！

要是遇上热天，石头地的温度会特别高，隔着鞋也能将脚烫出好多水泡。就连手上的泡和茧，直到 20 多年后仍留有印记。更别谈在大太阳底下搬石头，被晒得脱水难耐。

　　"我这一生最辛酸的是：第一年刚把自己地里的大石头搬得差不多了，却意外摔伤了右腿，从此再也不敢干重活。但没有办法，既然踏上了这条路，就不能回头，环境逼着人不得不向前走，哪怕苦得只能靠政府的补贴过日子。"

　　许先生花了整整一年时间清理田里的石头，又拖着有点残疾的右腿一个人铺设管道，用漫灌的形式给田洗碱，再铺上厚厚的羊粪给田施肥。

　　为了种棉花发财，他一边放羊一边用微薄的收入支撑着棉田的开荒。这种让人几近崩溃的坚持付出并没有让奇迹出现，土质也并没有迅速好转。第二年春天，棉种压根儿播不下去，因为土壤下依旧全是大大小小的石块，播种器具压根儿用不了，只能靠人工一点一点播进去。

他咬着牙，一点一点尝试性地播种。然而前三年并无所获，甚至亏损严重。由于受不了这份难熬的苦痛，同他一起来的五个人全部走了。许先生也绝望得想离开。

就在他动了离开的念头，最后到棉田里走一走时，他看到棉苗在石缝间倔强地挺立着，甚至是被夏天突如其来的冰雹砸坏的棉苗上残存的绿叶也在努力生长。他顿时感到：他走了，好不容易扎下根的棉花就失去了支撑。棉花还没有放弃，他更不能放弃，不能抛下它们。

棉花仿佛感受到了许先生不离不弃的支持，非常争气，产量年年增长，土质也在它们顽强的生死枯荣中逐渐改善——许先生看到了坚持的希望。

渐渐地，棉花在石头城扎了根。随着棉花的行情越来越好，许先生的坚持也"开出了花"：慢慢地，他承包的棉田达到 1000 亩，还开了一个养殖场；他娶了妻，生了子，有了房子、车子，也有了专门种棉花的机器。每到金秋时节，棉田里就会飘满"白云"，场院里就会堆满一座座"银山"。

他的妻子跟他一样，对这片能长出棉花的石头地有着近乎疯狂的痴迷。早些年，石头地不平整，压根儿没有人愿意将机器开进来播种，几百亩棉田只能自己播种。妻子那时已经怀孕六个多月，却挺着肚子，跪在田头，帮他播种、定苗。

他们跟棉花一起，争分夺秒地与无情的大自然进行着博弈。

即使是现在，在这样一片种了 20 多年的老地上，每年开春也得继续捡石头。

"在精河县种地是最辛苦的！"许先生感叹说。

每年刚过 2 月份，还下着雪，他和妻子就得开始准备机器去碎石头、捡石头、犁地、施肥。这个播种前的准备过程会持续 50 天左右，

以保证土壤有足够的肥力支撑棉花的生长。

　　"既然这么辛苦，现在有钱了，没想过去别的地方投资别的产业？"

　　许先生摇摇头，笑了，笑容在他饱经风霜的脸上仿佛一朵花。

　　盐碱地分布很广，遍及六大洲 30 多个国家，总面积约 9.56 亿公顷，中国的盐碱地面积便高达 9913.3 万公顷。而新疆是我国最大的盐土区，盐渍土面积高达 1100 万公顷，约占新疆土地面积的 6.6%，约占新疆耕地面积的 31%。

　　棉花和小麦是能在盐碱地里存活的最佳农作物。新疆的人们在开拓盐碱地为耕地时，都采用棉花与小麦轮流播种的形式改善土质。棉花和小麦，让新疆未来的农业充满希望。

　　数十年前，新疆大部分地区是荒漠，没有房屋，没有人烟，更没有庄稼，是数百万戍边战士和像许先生一样的开荒者，开垦出了一片片绿洲，和棉花一起改变了原本恶劣的环境。

（四）"棉花状元" 刘学佛

在新疆生产建设兵团植棉史上，刘学佛是个标志性人物。

1950 年，新疆生产建设兵团刚开始种棉花的时候，身为排长的刘学佛觉得这事不难，他在老家就种过地，认为只要肯花力气就能种好。

谁知道在新疆种棉花完全不是那么回事。刘学佛带着全排人拼死拼活干了一年，棉花亩产只有 20 公斤。同时期，苏联的植棉能手依曼诺娃生产组却是亩产籽棉 753.5 公斤。

在一次劳动模范大会上，刘学佛得知自己跟依曼诺娃之间的差距，受到极大的震动。后来，在种植棉花的过程中，刘学佛遇上了苏联农学专家提托夫。

提托夫的植棉理论相当颠覆传统，比如：一般种棉花要求种得不稀不稠，枝条不要相碰，提托夫却要求每亩密植 6000 株；在灌溉方面，他反对大家惯用的大水漫灌，而是提倡沟灌。

这招致许多人的不理解和反对。

刘学佛却非常尊重专业人士，多方沟通，并带头在自己的小组地里践行密植和沟灌。1953 年，他领导的植棉小组在玛纳斯河流域创造了大面积棉田丰产纪录，53.6 亩棉花亩产籽棉 386.5 公斤，其中 1.61 亩棉花亩产籽棉高达 674.5 公斤，创当时全国棉花丰产最高纪录。

提托夫见刘学佛聪明肯学，就常来他小组的棉田指导。刘学佛学了不少植棉知识，再加上他平时爱观察、琢磨，也摸索出一些种棉花的道道来。

1954 年，刘学佛遇到了更大的困难：棉花播种后，由于土地板结，大部分苗都没长出来，大家急得用手抠，那可是足足 80 亩棉田，等把 80 亩的棉苗抠出来，棉苗早就闷死了。

经过思考后，他大胆提出了用"之字耙"耙，并准确判断耙伤的苗最多不超过 5%，可以解放更多的棉苗。

他再次成功了，这一年，刘学佛种植的棉花亩产籽棉 696.4 公斤，打破了由他 1953 年创造的全国纪录。

（五）"棉花医生"张世海

张世海原本是个文盲，被安排做植保工作的时候，根本不懂"植保"两个字是什么意思，问清楚后才明白主要任务是灭虫。1952 年，驻疆部队开展大规模生产运动，不但种粮食，还种树、种棉花、种甜菜等。庄稼地里的病虫害成为大问题，植保迫在眉睫。

由于没有文化，张世海闹过笑话，也造成过损失。但他刻苦学习，夏季几乎天天泡在庄稼地里观察、打药，几年后就成为部队有名的"庄稼医生"。

由于农药对皮肤的腐蚀，张世海得了严重的皮肤病，一只眼也快失明了。连队指导员强迫张世海住院治疗。但是在住院期间，张世海也闲不住，将护士扔掉的一些小药瓶捡回来洗净，约病友一道去地里捉虫子——他的眼病还没治好，看不见虫子，只能让病友帮忙捉。

抓好虫子后，他将不同种类的虫子放在不同的瓶子里仔细观察，结果遭到医生批评："你的眼睛需要好好休息，你这么看虫子对治疗不利！"

不能用眼睛，张世海只好动脑子，他一直在琢磨一个问题：为什么每年将地头、地尾、沟渠里的虫卵都消灭了，第二年还是有那么多的虫子呢，它们的"大本营"到底在哪儿？

有一天，张世海躺在病床上，无意间看到一对粉色的蝴蝶飞过来，在窗外翩翩起舞。他还注意到窗外不远处有一棵大榆树，突发奇想：榆树会不会是害虫的"大本营"呢？

想到这儿，他立刻翻身下床，跑到榆树下，动作敏捷地爬上树，伸手拉过一根树枝仔细一看，树叶背面全是密密麻麻的蚜虫！他不由得恍然大悟：棉花地四周都有防护林，那里应该就是蚜虫的"老巢"。

张世海坚决要求出院，医生也为他的发现而感到高兴，同意他出院。张世海一回去，立即对棉花田旁边蚜虫聚居的防护林进行了一次针对性的杀虫工作，结果非常成功。

张世海 17 次荣获团、师、兵团先进生产者和劳动模范的称号，1959 年被兵团树为 12 面红旗之一。随着张世海"棉花医生"的名声越来越大，原本是文盲的他"逆袭"为科研院校的特约研究员，还有许多国外的专家跟他通信交流研究成果。后来张世海当选为石河子农学会理事、自治区植保学会理事、自治区政协委员。1959 年，他在北京见到了毛主席，还同周恩来总理和陈毅副总理合过影。

与棉共存：
棉花牵连人类未来

1963 年 12 月，英国寒冷的冬季雨天早晨，一群利物浦居民聚集在旧霍尔街棉花交易所大楼前。

这一次，他们再也不是为了获得棉花的信息，也不是为了讨论关于棉花的决策，而是来参加俱乐部旧家具拍卖。

在过去的一个世纪里，这些旧家具曾令办公室熠熠生辉，无数大人物围绕着它们高谈阔论在地球另一端的见闻，令人垂涎的大交易都在它们身上完成；如今，这些桃花心木交易员办公桌、红木桃花心木报价板木框、红木框美国气象地图和哈比的名画《棉花树》都将被当作尚有利用价值的旧货，"飞入"寻常百姓家。

而举世闻名的利物浦棉花交易所则早在一年前已经关闭。

同样在这一年，法国戴高乐总统拒绝英国加入欧洲经济共同体，甚至担心英国是美国放在欧洲的"特洛伊木马"。

随着棉花在英国的黯然失色，棉花对人类也失去了半个多世纪的"光芒"。

1939 年 10 月 24 日是个重要的日子。那是二战初期，尚未参战的美国歌舞升平。在特拉华州杜邦公司总部附近，一个高达 30 英尺的巨型足模吊装完毕。

此前，在美国民众的心中，杜邦是专门制作黑火药的"军火贩子"——听起来十分粗暴，令人难有好感。然而，那曲线十足的美丽足模和套在足模外面的巨型丝袜实在太过性感，完全颠覆了世人对这家公司的印象。

杜邦公司发明的尼龙丝袜"像蛛丝一样细，像钢丝一样强，像绢丝一样美"，第一批尼龙丝袜在1940年5月15日纽约上市后，仅仅一年，就卖出640万双。当时一双长筒丝袜的价格是2美元，比一顿奢华的法国大餐还要贵，但也不能阻挡美国女人们趋之若鹜。

太平洋战争爆发后，尼龙被列为军需品，尼龙丝袜价格飙升，很多买不起尼龙丝袜的女孩，干脆用笔在腿上绘出纹路，冒充丝袜。

尼龙（聚酰胺纤维）是史上第一种合成纤维，是合成纤维工业的重大突破。

化学纤维是用天然高分子化合物或人工合成的高分子化合物为原料，经过制备纺丝原液、纺丝和后处理等工序制得的具有纺织性能的纤维。

化学纤维分为两大类：一类是人造纤维，比如我们现在熟知的各种人造棉、人造毛、人造丝等，是将天然高聚物制成的浆液高度纯净化后制成的，以草类、木材等为原料；另一类是合成纤维，是将人工合成的、具有适宜分子量并具有可溶性的线型聚合物，经纺丝成型和后处理而制得，以石油、天然气、煤和农副产品等为原料。

人造纤维先于合成纤维出现。

早在1664年，英国人R.胡克就在他所著的《微晶图案》一书中，首次提到人类可以模仿食桑蚕吐的丝而用人工方法生产纺织纤维。

1884年，法国H.B.夏尔多内制成最早的人造纤维——硝酸酯纤维，并于1891年在法国贝桑松建厂进行工业生产。由于易燃、质量差，未能大规模量产。

1899年，铜氨纤维得以实现工业生产。

1905年，粘胶纤维开始工业化生产，成为人造纤维的主要品种。之后，又实现了醋酯纤维、再生蛋白质纤维等人造纤维的工业生产。

1922年，人造纤维产量超过了真丝产量，成为重要的纺织原料。

1940年，粘胶纤维的世界总产量超过100万吨。正如前文所述，

1939 年，杜邦公司首先在美国特拉华州的锡福德实现了聚酰胺纤维的工业化生产。

20 世纪 60 年代，石油化工的发展促进了合成纤维工业的发展。到 1962 年，合成纤维的产量超过羊毛产量。1967 年，合成纤维产量又超过了人造纤维，在化学纤维中占主导地位，成为仅次于棉的主要纺织原料。

20 世纪 70 年代初，化学纤维的总产量超过了 1000 万吨。

各种合成纤维迅速深入人类生活的方方面面，改变了人类的消费习惯。尼龙（锦纶）被用来制作降落伞、飞机轮胎帘子布、军服等军工产品，也被用来制作丝袜、衣服、地毯、绳索、渔网等，还经常被用来与棉花、羊毛混纺或交织成质地柔软的各种产品，如常见的锦缎被面、锦格绸等；曾用名为"的确良"的涤纶风靡一时；腈纶则有"人造羊毛"之称，广泛应用于服装、装饰领域；芳纶的强度是钢丝的 5～6 倍，重量仅为钢丝的 1/5，被用于制作防弹衣和消防服等；此外，丙纶、氯纶、维纶、氨纶等合成纤维也被不断应用。

从 1995 年开始，合成纤维在纺织纤维中的比例开始超过天然纤维。

到 2017 年，合成纤维（除聚烯烃纤维）产量为 6158 万吨；由于棉的种植面积扩大，天然纤维的产量增加 11%，为 2543 万吨，但也只有合成纤维的 41% 左右。

是否棉花的辉煌已经彻底成为过去？是否在未来的某一天，人类再也不需要棉花？

当我们回顾数万年来人类的穿衣史，就会发现棉织品并不是人类穿着最久的，也不是人类穿着最早的，却是人类舒适生活的最优选择。

第 1 章
棉织品：人类舒适生活的最优选择

穿衣服这件事对人类有着极其重要的意义。

当然，假如人类身上有浓密的毛发，或许不需要穿衣服。

但即使跟人类基因最相似、亲缘关系最近的猩猩相比，人类的毛发也显得非常稀疏。

达尔文也奇怪为什么人类的毛发如此稀疏："没有人认为皮肤裸露对人有任何直接好处，所以人体不可能通过自然选择失去毛发。"他提出，人类失去大部分毛发是性选择的结果，即人类偏好毛发较少的异性，所以毛发较少的人变得更为常见。但这并没有解释清楚：在人类对毛发较少的异性产生偏好之前，到底是什么导致他们变成这样的呢？

20 世纪 90 年代，英国利物浦约翰莫尔斯大学的彼得·惠勒提出了一个数学模型，可以计算出人族在空旷地带生存需要减少多少毛发。如果大脑的温度过高，人族的思维过程会受损（这大概就是为什么我们现在常说聪明的脑袋不长毛）；如果人族身上长满毛，他们就无法快速散热。

　　尽管现在科学家们还是没法解释为什么原本作为动物的人类非要思考那么多、非要排那么多汗，但毛发减少与我们的排汗功能有密切关系，在基因层面也是这样，并最终与大脑的进化有关，它是人类进化的重要原因。

　　当体毛变得稀疏之后，不管是为了御寒还是别的原因，人类跟衣服结下了不解之缘。从这个意义上来说，穿衣服是人与野兽的重大区别。

一、从赤身裸体到树叶、兽皮衣服

　　在《圣经》中，偷吃禁果而知善恶是亚当和夏娃命运的转折点，穿衣服则是知善恶之后的第一个举动。

　　当亚当和夏娃赤身裸体并不觉得羞耻的时候，他们可以无忧无虑地在伊甸园生活。后来在蛇的诱惑下，他们吃了智慧树上的果实，眼睛顿时变明亮了，有了羞耻心，懂得拿无花果树的叶子遮挡身体，上帝便将他们赶出了伊甸园。

　　在赶他们出去之前，上帝还用皮子做衣服给亚当和夏娃穿。

　　这个故事里的树叶、兽皮衣服和人类早期的服装一样，人类现在的服装就是由最初的树叶、兽皮遮掩物发展起来的。

二、从生皮到熟皮

由于兽皮挂在身上，行动起来非常不便，而且身体的许多部位仍然暴露在外，人类开始想把毛皮制成一定的形状穿在身上。渐渐地，原始人类学会了用石刀裁割兽皮，缝制衣服。对于在法国西南维泽尔河岸穆斯特文化遗址（旧石器时代中期文化）发现的三角形尖状器，不少人认为是刮削器，主要用作切刀，裁割兽皮，制作服装，说明 5 万年前的穆斯特人已经开始用兽皮缝制衣服了。

到了距今 3 万年左右，著名的山顶洞人已经不仅仅是简单地用树叶和兽皮遮蔽身体，因为山顶洞人的遗物中有目前所知世界上最早的缝纫工具——骨针。20 世纪 30 年代，考古学家在北京西南周口店龙骨山的山顶洞人遗址中，发现了这枚骨针。它长 82 毫米，针身最粗处直径 3.3 毫米，针身圆滑而略弯，针尖圆而锐利，针的尾端直径 3.1 毫米处有微小的针眼。制作这样的骨针，必须经过切割兽骨、精细地刮削、磨制和挖穿针眼等多道工序，需要较高的制作工艺才能完成。

差不多与此同时，西方的克罗马农人也学会了使用骨针。

在法国南部和西班牙等地发现的皮子上还被施以色彩，且用骨棒压出了装饰花纹。

有科学家推测当时欧洲的兽皮制作情况如下：妇女已经懂得用鱼骨做的针和动物的腱或植物纤维作线来缝合兽皮，当男人们把猎来的动物扛回家后，一家人用尖利的石片把皮剥下来，把皮子平铺在地上，在皮子的四周用木楔子固定，在皮

子上涂油，使之变软。

在新石器时代以前，女人们就已经会制作熟皮了：先把灰撒在皮子上使劲揉搓，再把皮子放入用栎树或其他树木的树皮煮成的液体中浸泡（这种液体含有鞣酸）。最初的兽皮衣服不是裁剪的，只是把鞣制软了的皮子简单地裹在身上。人类在懂得用纤维织成布前的多年间，一直穿着这种衣服。

中国的熟皮技术出现在商朝末年。传说，商末丞相比干曾在大营一带当官，他看到当地群众很苦，到处是狐狸、兔子，各种野兽四处作怪，田野废弃，灾荒连年。比干就实行优惠政策，让老百姓开荒种田，免赋免税。老百姓刚有一个好年景，不料天降大雨，下了七七四十九天，一片汪洋，那些野兽都跑到沙岗上，为解决百姓的温饱问题，比干下令人们打猎度荒年。后来比干发现清凉江边的水坑里泡着张兔皮，毛色新鲜光洁，柔软像绸缎。比干一次又一次试验，并向有经验的老农询艺，最后终于发明了熟皮的技艺，并在大营一带传开了。从此，人们猎来的兽皮就能自如地缝制成想要的物品及其款式，如帽子、褥子、衣服等。公元前841年，乡民在大营村北修建比干庙，以示纪念。至今，当地毛皮从业者在门店和家中仍设有比干神位，尊为祖师。20世纪50年代至80年代，香港的毛皮技师还保持着每年祭拜比干祖师的习俗。

随着熟皮技术的发展，毛皮服饰被分了档次：绵羊皮、山羊皮、狼皮等是穷人的衣料，松鼠皮、紫貂皮、猞猁皮、鼠貂皮、狐皮等则是富贵人的衣料。

毛皮服装的样式也有了差别：穷人的服装实用，几乎不讲究造型；富人的服饰则更时髦。

14—16 世纪，西方国家通过了一系列限制性的法律，对不同阶层的人穿着何种毛皮做了严格规定，从而强化了毛皮服饰的档次和区别。1337 年，第一部限制性法律在英国通过，规定只有皇室、贵族和僧侣里的特权阶层才能穿着毛皮。

在伊丽莎白时代的 16 世纪上半叶，毛皮服饰达到了辉煌的顶峰。正如前文所述，伊丽莎白一世非常抠门，唯一舍得为之花钱的就是服装。在留给世人的加冕礼画像中，她就是貂皮加身。那个时代还出现了两款至今仍然流行的毛皮配饰：一是毛皮围巾，由皮草大衣的领子演变而来，结合了当时的巴洛克文化，在宫廷盛行的领巾上镶缀满珠宝，十分华丽。二是毛皮手笼。手笼的款式、大小、材质各异，但用毛皮制作的手笼最具吸引力，其他材质的手笼通常也用毛皮做衬里。

有趣的是，毛皮围巾有一个十分滑稽的名称——跳蚤领巾。因为即使是当时的西方上流社会，个人卫生状况也十分糟糕。毛皮围巾的一个妙用就是把跳蚤吸引到上面以便抖落。

被世界所公认的是，棉织品传入欧洲后，大大改善了欧洲人的卫生状况。

制作毛皮衣物需要大量动物。1352 年，法国宫廷为 15 岁的王子（后来的查理五世）做了两套衣服，一共用了 1696 只灰鼠。

二战后，由于人们狂热追逐皮草，导致一些野生动物濒临灭绝，为此世界上共有 45 个国家联合签订了条约，保护 375 种动物。一些动物保护组织和有关人士不仅极力反对捕杀野生动物，而且反对使用人工饲养的动物毛皮。现在，人们越来越少使用皮草，哪怕是最在乎造型和华贵的服装节，人造皮草也正在越来越多地替代动物毛皮。

三、麻和葛

在印度河流域一座古墓中发掘出公元前 3000—前 2750 年的 3 件棉织品，是世界上已知最早的棉制品，说明约 5000 年前，印度河流域的人们已经开始纺棉。

不过，人类开始纺织的时间至少可以再往前推 3000 年。

纺轮是一种原始的捻线纺织工具，外形是圆形的小轮，中心有一小孔，孔中插以两端削尖的直杆，就成了纺锤。在距今 7500 ~ 10000 年的新石器时代河北磁山文化遗址中，就发现了纺轮。

那个时候中国并不产棉花，这种纺轮是用来纺什么的呢？

在距今约 7000 年的浙江余姚河姆渡遗址中，发现了苘麻的双股线，同时出土了纺车和织机零件。这是目前为止发现的世界上最早的原始织布工具，也说明麻可能是世界上最早被用来织布的天然纤维。考古发现证明了后者：8000 多年以前，埃及人已经在使用亚麻，埃及墓穴中木乃伊的裹尸亚麻布长达 1000 多米；1854 年，在瑞士湖底发现了距今约 1 万年的亚麻布残片，这是世界上发现的最古老的亚麻织物。

用麻织布，需先敲打植物麻，然后进行沤渍，取得麻纤维，用手搓揉成绳、纱线后就可以纺织成麻布。

中国是大麻和苎麻的原产地，使用历史悠久。除了在河姆渡遗址中发掘的苘麻双股线，距今 4700 多年的浙江钱山漾新石器时代遗址出

土了苎麻织物残片，湖南长沙马王堆汉墓中也有精细的苎麻布。

中国的大麻织物有牛衣、丧服（俗称"披麻戴孝"）、礼服、朝服、战服、贡品等粗细有别的大麻服装。西周时期王公贵族的帽子称为麻冕，是用精细如今的的确良一样薄的 30 升大麻布制成的。河北藁城台西村商代遗址出土的大麻织物残片，距今 3400 多年。

葛也是人类最早采集并用于纺织的植物之一。葛是多年生草本植物，开紫色花，茎可做绳，纤维可织葛布，俗称"夏布"，藤蔓亦可制鞋（即葛屦）。江苏草鞋山遗址（距今 6000 多年）出土了双股经线编织的罗地葛布，每平方厘米有经线 10 根、纬线 13 根，织花部位的纬线达 28 根，是中国最早的野生葛纺织品。

麻和葛面料透气，有独特的凉爽感，出汗不黏身；色泽鲜艳，有较好的天然光泽，不易褪色，不易缩水；对酸碱反应不敏感，抗霉菌，不易受潮发霉；抗蛀，抗霉菌较好。缺点是手感粗糙，穿着不滑爽舒适，易起皱，悬垂性差；麻纤维刚硬，抱合力差。

秦汉时期，麻布取代葛布，成为老百姓服饰的主要衣料来源。宋元之后，棉布则取代了麻布，成为主要纺织原料。

四、丝绸

到了公元前 5000 年左右，仿佛全世界的人都被"点亮"了纺织技能，如北非尼罗河流域居民利用亚麻纺织，小亚细亚地区已有羊毛纺织，中国黄河、长江流域居民利用麻、葛纺织。

世界闻名的丝绸的起源稍晚。据说，黄帝的正妃嫘祖首创了种桑养蚕之法、抽丝编绢之术。《史记·五帝本纪》载："黄帝居轩辕之丘，而娶于西陵之女，是为嫘祖。嫘祖为黄帝正妃，生二子……"北周以后，嫘祖被祀为"先蚕"（蚕神）。北宋建隆元年（960）疏文称嫘祖：教民养蚕治丝，无须树叶蔽体；令地产桑育蚁，遂教人力回天。

丝织业从古至今都是中国重要的产业之一。祭祀蚕神的活动一向十分隆重，在生产力不发达的年代，人们会用牛、羊、猪来祭祀。据说从周朝开始，历代封建王朝在每年开始养蚕之前，都有祭祀蚕神的仪式，由王后（皇后）主持，仪式感非常强。

以明嘉靖九年（1530）祭祀先蚕为例，先在安定门外北郊修建先蚕坛。二月，工部将先蚕坛的图形样式呈报给皇帝，由皇帝定形制。蚕将出生之时，钦天监选择吉日上报，而后顺天府人员将主管蚕事的女官蚕母的名称、数量送到先蚕坛，工部负责办理相应器物。之后，顺天府人员将蚕种和器物送至蚕室。祭祀之前，皇后须斋戒三天，女官和其他入坛的人要斋戒一天。太常寺人员在仪式举办的前一天将祭祀物品准备完毕，当天交予女官。祭祀当天，皇后身着常服出玄武门，卫兵仪仗和女乐队在前引导，出北安门，场面非常壮观。

祭祀的队伍到达先蚕坛后，皇后换上礼服，行三献礼。礼毕，皇后更换常服，率众到采桑坛采桑。皇后采桑三条，三公命妇采五条，列侯、九卿命妇采九条。采桑完毕，所采桑叶将被送去蚕室喂蚕。礼毕还

要赐宴，皇后这才回宫。

四月，蚕吐丝了，还要再行治茧礼，选蚕妇缫丝并纺织。

宋代之后，宫廷多次摹绘或再创《耕织图》，以示对农桑的重视。收藏于故宫博物院的清代《雍正像耕织图册》，是当时尚未登上皇位的雍亲王命人绘制的。在这一幅幅采桑、采茧、练丝、染色、剪帛、裁衣等画中，可以看到农耕年代男耕女织的全过程。颇为耐人寻味的是，《雍正像耕织图册》里的主要人物农夫和蚕妇等，都被画成雍亲王和他的福晋们的容貌。

中国丝织技术很早就达到令人惊叹的地步。湖南长沙马王堆出土的西汉素纱襌衣，仅重49克（还不到一两），薄如蝉翼，轻若云烟，折叠后可以放进一个火柴盒里。唐代，有官员穿了5件丝制衣服，还能被别人看到胸口上的痣。

丝质石榴裙大概是中国古代流行最久的一件时尚单品。从唐代到明清，喜欢它的女人数不胜数。

石榴原产于波斯一带，公元前2世纪时传入我国，有许多美丽的名字——丹若、沃丹、金罂等。农历五月，石榴花开，艳红似火，因此又雅称"榴月"。

石榴花的模样很像舞女的裙裾，梁元帝在《乌栖曲》中以"芙蓉为带石榴裙"形容亭亭玉立的美女。

石榴花有大红、桃红、橙黄、粉红、白色等颜色，火红色最常见，深受古人喜爱。杜牧在《山石榴》中写道："一朵佳人玉钗上，只疑烧却翠云鬟。"美人鬓边簪一朵石榴花，红艳到令人担心会烧坏少女的翠簪和秀发，实在是动人极了！当时染红裙的颜料也主要是从石榴花中提取而成，因此红裙被称为"石榴裙"。

石榴裙在唐代十分流行，唐人传奇中的李娃、霍小玉等都穿这样的裙子。

1981 年夏，一场大雨令宝鸡法门寺佛塔轰然倒塌。6 年后，考古发掘令法门寺地宫浮现在世人面前。法门寺地宫是世界上迄今为止发现的年代最久远、规模最大、等级最高的佛塔地宫，为保全安奉佛指舍利之地点，藏有大量唐代的国宝重器，还有一件蹙金绣石榴裙属于武则天，据传就是她在诗歌《如意娘》里提过的石榴裙：

看朱成碧思纷纷，憔悴支离为忆君。

不信比来长下泪，开箱验取石榴裙。

武则天写下这首缠绵悱恻的情诗时，正在感业寺为尼，对李治朝思暮想、思忆纷纷，以致石榴裙都被染上了相思的泪痕。

发掘于法门寺地宫的这条石榴裙，其中有一些金线是用黄金拉成的，平均直径 0.1 毫米，最细处仅 0.06 毫米，比头发丝还细。这样的裙子尚且被眼泪打湿后就会留下痕迹，那么普通人穿的石榴裙又是怎样的呢？

曹雪芹在《红楼梦》里提过一回石榴裙：香菱和丫头们斗草，一不留神被堆到水洼里，新石榴裙被弄脏了，竟令她不由得恨骂不绝。贾宝玉过来看到了，也惊得"哎呀"了一声，说："怎么就拖在泥里了？可惜！这石榴红绫最不经染。"后来贾宝玉想办法从袭人那儿找来一条一模一样的，才避免了香菱因弄脏石榴裙而被人责骂。香菱是薛宝钗的哥哥薛蟠的妾，而薛家属于金陵四大家族之一，号称"丰年好大雪，珍珠如土金如铁"。放到现代来说，以香菱的身份，完全可以全身上下奢侈品，穿香奈儿的鞋从不考虑走路问题，穿爱马仕的衬衫从不考虑清洗问题。但一条石榴裙被毁却令她沮丧，甚至需要另一位豪门公子贾宝玉出手相助才能安然"过关"，可见丝织品的矜贵。

即使到现在，真丝衣物洗涤时也很容易掉色，保养需要额外费心。尽管真丝衣物广受欢迎，但对于日常穿着领域来说，棉布显然是更好的选择。

五、雅典娜和毛织物

在古希腊神话里，雅典娜既是智慧、战争和军事谋略的女神，也是技术、工艺的女神，带给人类纺锤和织布机。而且，跟当时中国女性喜欢比拼纺纱速度和技巧一样，这位女神也跟人界的纺织能手进行了一场比赛。

人界这位纺织能手叫阿拉克尼，从小就展现出织布的天赋，可以编织出人世间最漂亮的布。有人不远千里跑来只为观赏她无与伦比的纺织品。大家都称赞说，阿拉克尼的纺纱机一定是纺织女神雅典娜亲自运转的。

　　听多了这样的赞美，阿拉克尼有点"飘"了，自傲起来，说就算是神，手艺也没法和她比。

　　雅典娜听到这些话后，乔装成一个面容枯槁的老太婆，找到阿拉克尼，让她对神尊重点。阿拉克尼说，就算是雅典娜，也不能织出比她更好的布！

　　雅典娜暴怒，现出真身，决定和阿拉克尼比试比试。

　　雅典娜织出一匹壮丽绚烂的织锦，上面描绘的是她和波塞冬的战斗。这幅织锦细节出彩，想象力丰富，堪称一绝。

　　但是自得的雅典娜回头一看阿拉克尼的织锦，就知道自己输了，阿拉克尼的作品只能用完美无缺来形容，在织锦上活灵活现地描绘了宙斯的许多风流韵事。

　　雅典娜不得不服输的同时又恼羞成怒。宙斯是谁？就是头痛后从脑袋里把雅典娜生出来的父亲。雅典娜不但是纺织之神，更是战神，她立即毁掉了阿拉克尼的作品和编织工具，还举起纺锤打向阿拉克尼。瞬间，阿拉克尼的身体一直缩小，最后只剩下小小的头、腹部和八条腿，成了蜘蛛，被永世困于编织。

　　在中国的《上山采蘼芜》里，女人们比拼的是纺织的质量和速度。雅典娜和阿拉克尼比拼织锦技术，重点却在图案。这从侧面反映出当时欧洲织物的特性——厚重。

　　古希腊人使用较广泛的是毛织物和亚麻织物。

　　当时的毛织物技术水平相当高，从非常粗糙到特别细密高档，分成好几个等级，其共同特点是柔软，靠自身重量容易形成优美的垂褶，甚至可以织成飘逸的毛织乔其纱。到古罗马时代，欧洲的毛织物织造技术已经相当发达，比如恺撒就让被他征服的古尔人给自己的军队生产可供 6000 人使用的哔叽面料。即便如此，毛织物还是有不少缺点：不适合做贴身衣物和夏装，必须干洗（古罗马时代就出现了洗衣店，用能去掉污渍和油脂的黏土质漂土来洗涤）。

亚麻织物也有一些小缺点：一、容易皱。亚麻是天然纤维，这种材质韧性十足，但毫无弹力。二、尺寸稳定性较差。这也是因为容易皱导致的，所以它不好量尺寸，会有偏差。三、贴身穿着会有刺硬感。

而更为柔软、贴身、舒适的丝绸则必须从中国进口，价格和当时的黄金同价。为了弄到更多舒适的丝绸，552 年，拜占庭帝国皇帝查士丁尼派两名熟悉东方情形的基督教僧侣潜赴中国，将当时中国对外保密而禁运的蚕卵藏在竹杖中偷运回君士坦丁堡，又从叙利亚的纺织工匠那儿引进机杼的使用和织花技术，这才使织物摆脱简朴、色调单纯，变得丰富起来。

中世纪时，以英国为例：在 11 世纪至 12 世纪，英国涌现了若干个毛纺织生产中心，产品主要供给国内使用。从 14 世纪后期开始，英国的呢绒生产加快了步伐，迅速发展起来，产量指标扶摇直上，开始大量出口到欧洲各国。从 15 世纪至 16 世纪中叶，英国的呢绒生产又出现一个新的飞跃，1554 年，全部产品估计为呢绒 16 万匹，针织品为 25 万匹。1565 年被公认为该世纪生产最兴旺的年份，呢绒出口占全部出口商品总额的 78%。

正因为如此和其他一系列因素，英国出现了"羊吃人"的惨剧，导致越来越多的英国人渴望"菜羊"——棉花的出现。

第 2 章
1930 年的隐喻：一丝一线可以"杀天下"

　　化学纤维跟人类历史上使用过的任何服装原料都不同，它完全按照人类意愿，由人类制造出来：你想要耐磨，它就耐磨；你想要丝的光泽，它就有丝的光泽；你想要多长，就可以做到多长。而且生产成本极低，几乎不需要任何天然的培养，这是任何一种天然纤维都无法做到的。看上去简直完美无缺——至少在最初是这样的。

　　1930 年，比利时为庆祝国家独立百年，也为了推广国际贸易，在列日和安特卫普港举行了万国博览会，也就是世博会。

　　那次世博会会期从 5 月 3 日起，至 11 月止。安特卫普港举办的是航海与殖民博览会，中国参加的是在列日举行的工业和交通博览会。

　　列日的会场分为南北两部分，北部会场较大，以科学实业为主题，分为金属馆、矿石馆、机械馆、电气馆等展区，中国勉勉强强在电气馆里"借得一隅"，安置展厅。

　　著名爱国人士李公朴时年 28 岁，结束了在美国的留学生涯，归国前夕，他特意绕道列日观览了这次世博会。

　　这次世博会令李公朴感慨万千：中国政府送过去的展品，跟25年前清政府送到世博会的展品几乎一样，还是丝绸、茶叶、福建漆器、景德镇瓷器等农产品和手工艺品；欧洲列强和正在崛起的日本展示的则多是机器制造或者新发明、新改良的工艺等；比利时所陈列的竟然是一整间玻璃制造工厂的模型，充分说明比利时人对玻璃精益求精、不断改良；意大利的工业虽然比其他欧洲国家落后，但陈列馆中还是展示了许多大规模的机器工业生产，包括一列最新式的火车。

　　这次世博会是如此意味深长，仿佛是对当时世界的一种隐喻。

　　而80多年后，当我们回头审视历史，把这次世博会和之后在列日发生的另一件事进行比较，就会发现，那一年在比利时发生的事情，甚至预言了世界的未来。

　　列日是比利时的大工业城市之一，马斯河流经境内，形成一段长24公里的河谷地段。河谷中部低洼，两侧有百米高山对峙，使河谷处于狭长的盆地之中。马斯河谷地区也是一个重要的工业区，1930年时有3家炼油厂、3家金属冶炼厂、4家玻璃厂和3家炼锌厂，还有电力、硫酸、化肥厂和石灰窑炉。

　　世博会11月结束。12月1日—15日，列日的气温出现反常，马斯河谷上空出现了很强的逆温层。

　　后来科学家们才研究透了逆温层的特性：一般情况下，气流上升越高，气温越低；但当气候反常时，低层空气温度就会比高层空气温度还低，发生"气温的逆转"，这种逆转的大气层叫作"逆转层"。逆转层会抑制烟雾的升腾，使大气中的烟尘积存不散，在逆转层下积蓄起来，无法对流交换，造成大气污染现象。

　　当时沉浸于工业蓬勃发展的人们并不知道这一切。他们只知道，当空中的烟雾积聚了3天后，许多人开始有胸痛、咳嗽、呼吸困难等症状，短短一个星期内就有 60 多人死亡，同时还有许多家畜死亡。

大规模的死亡震惊了比利时。事后专家们分析认为：当时空气中的二氧化硫浓度很高，并可能含有氟化物，是几种有害气体和煤烟、粉尘同时对人体产生了毒害。

这是一次标志性的事件。在那之前，人类只知道没有空气会死人、空气不好会导致人生病，在那之后，人类知道了——被污染的空气是可以直接杀人的。

马斯河谷烟雾事件发生后的第二年即有人指出："如果这一现象在伦敦发生，伦敦公务局可能要对 3200 人的突然死亡负责。"

这话不幸言中——22 年后，伦敦果然发生了导致 4000 人死亡的严重烟雾事件。

不久前在世博会展览馆里让人类引以为傲的工业生产、便捷先进的生活方式，转眼间便毫不留情地杀死了人类。

而这仅仅只是开始！

包括化纤生产在内，人类大规模生产、生活活动对环境造成的破坏，后来开始反噬人类，不只通过空气，还通过水、一菜一饭甚至气温……国别、东西方的对比不再有意义，人类开始成为自己乃至整个地球的敌人。

一、空气是可以杀死人的

（一）美国多诺拉烟雾事件

与比利时马斯河谷烟雾事件相同的情形于 1948 年 10 月 26 日—31

日发生于美国宾夕法尼亚州的多诺拉小镇，导致全镇 43% 的人口相继暴病，症状为咽喉痛、流鼻涕、干渴、四肢酸乏、咳痰、胸闷、呕吐、腹泻等，死亡 17 人。

（二）英国伦敦烟雾事件

1952 年 12 月 5 日—8 日，伦敦整个城市笼罩在烟雾中，犹如世界末日。当时伦敦正在举办一场得奖牛展览，但是 350 头牛中有 52 头牛严重中毒，14 头牛很快奄奄一息，1 头牛当场毙命。

伦敦市民还没来得及感到遗憾，自己也有了反应。许多人感到呼吸困难、眼睛刺痛，患有哮喘、咳嗽等症状的病人明显增多。

短短 4 天时间，伦敦的死亡人数达 4000 人。

5 月 9 日，烟雾散开后，浩劫并没有停止，酸雨降临了，接下来的两个月里陆续又有 8000 多人死亡，这就是历史上可怕的英国伦敦烟雾事件。

当时伦敦政府为了加快经济建设，提高城市生活质量，鼓励在市内发展不同类型的工厂，包括各种大型火力发电厂、煤厂和化工厂。这些工厂所排放的"三废"直接威胁着伦敦市民的生活。这起事件发生期间，伦敦的尘粒浓度最高达每立方米 4.46 毫克，为平时的 10 倍，二氧化硫的浓度最高达平时的 6 倍。在浓雾下，烟雾中的三氧化二铁促使二氧化硫氧化，产生硫酸泡沫，凝在烟尘上，形成酸雾，成为杀手。

死亡持续不断地发生，前后有一万多人失去生命。此后的 1956

年、1957 年和 1962 年，又连续发生了多达 12 次严重的烟雾事件。直到 1965 年后，有毒烟雾才从伦敦销声匿迹。

英国政府意识到问题的严重性，也明白了控制大气污染的重要性，1956 年颁布了《清洁空气法案》。

（三）大气污染的危害

1. 温室效应和全球变暖

由于大气层中二氧化碳等温室气体急剧增加，大量吸收地面红外线长波辐射，进而使温室效应增强，造成全球变暖。全球变暖的受害者之一北极熊，由于极地冰川加速消亡，不得不冒险游得更远去捕食海豹。假如浮冰随着水流漂离陆地，北极熊就会在挨饿、淹死等困境中丧生。它们有的甚至因为长达 8 个月没有浮冰无法觅食而被活活饿死。据估计，2050 年之前将有 2/3 的北极熊消失。

全球变暖不仅威胁动物的生存，自 1993 年以来，海平面每年平均上涨 6 毫米，迄今已经上涨了约 15 厘米，本世纪内海平面就可能上升 1 米以上，图瓦卢、斐济等岛国将面临灭顶之灾。

同时，温室效应并不只是导致天气更暖，还导致飓风更强、寒冬更冷，使气候变得更为极端，导致人类生命和财产的巨大损失。

2. 破坏臭氧层

臭氧具有非常强烈的吸收紫外线的功能，可以吸收太阳光紫外线中对生物有害的部分。可是人类大量使用的氯氟烃类化学物品破坏了臭氧层，每个氯氟烃分子都能"吃"掉大量的臭氧分子。

3. 危害人体

空气危害人体的方式是：空气污染物通过人的直接呼吸而进入人体；附着在食物上或溶于水中，使之随饮食而侵入人体；通过接触或刺激皮肤而进入人体。其中通过呼吸而侵入人体是主要的途径，危害也最大，可导致急性中毒、慢性中毒和致癌。中国原卫生部部长陈竺做出测算："在中国，每一年，因为大气污染而死亡的人数有多少呢？50万人。"

大气污染中最脆弱和最容易受到伤害的就是我们的孩子和我们的父母。柴静在《穹顶之下》说，收集到的数据显示，在干净的地方长大的孩子的肺部成长速度更快。而年幼时肺功能发育不全很可能导致成长后的肺部疾病。

即使大气中污染物浓度不高，但人体成年累月呼吸这种污染了的空气，也会引起慢性支气管炎、支气管哮喘、肺气肿和肺癌等疾病。

国家卫计委2015年发布的我国城市居民死亡原因排序中，恶性肿瘤排在第一，其中肺癌又居首位，构成比男性是27%，女性是22%。

二、水也可以杀人

（一）日本水俣病事件

日本熊本县由于其风靡全球的吉祥物熊本熊，而使中国人对此地熟悉了不少。但在几十年前，这里最出名的却是水俣病。

1956 年，熊本县水俣湾附近出现了一种奇怪的猫。这些猫被人们观察到步态不稳、抽搐、麻痹，甚至跳海死去，被称为"自杀猫"。

随后不久，当地居民似乎也被自杀猫传染了，开始口齿不清、步履蹒跚，继而面部痴呆、全身麻木、耳聋眼瞎，最后变成精神失常，直至躬身狂叫而死。小镇上人心惶惶。

后来经过调查，罪魁祸首原来是日本氮肥公司在此地开设的合成醋酸工厂，这家工厂将未经处理的废水直接排放到水俣湾，废水里含有大量的汞。这种汞被水中的鱼、虾、贝类食用后转化成有毒的甲基汞。人食用鱼、虾、贝类后，汞在人体内聚集，侵害脑中枢神经和末梢神经，导致"人走猫步"，直至死亡。

据日本环境厅 1972 年的统计，水俣镇水俣病患者 180 人，死亡 50 多人；新线县阿赫野川亦发现 100 多名水俣病患者，8 人死亡。事实上，患者人数远远不止此数。日本政府和企业之后为此付出了极其昂贵的治理、治疗和赔偿的代价。迄今为止，因水俣病而提起的旷日持久的法庭诉讼仍然没有完结。

（二）日本骨痛病事件

日本富山平原上有一条河叫神通川，多年来河水灌溉着两岸的农田，使万亩稻田飘香。但从 20 世纪初期开始，人们发现该地区的水稻普遍生长不良。1931 年，该地出现了一种怪病，患者大多是妇女，病症表现为腰、手、脚等关节疼痛。病症持续几年后，患者全身各部位发生神经痛、骨痛现象，行动困难，甚至呼吸都会带来难以忍受的痛苦。

到了后期，患者骨骼软化、萎缩，四肢弯曲，脊柱变形，骨质松脆，就连咳嗽都能引起骨折。患者不能进食，疼痛无比，常常大叫"痛死了"。有的人因无法忍受痛苦而自杀。这种病由此得名为"骨癌病"或"痛痛病"。

患此病的死者经解剖后发现全身多处骨折，有的多达 73 处，身长也缩短了 30 厘米。

直到 1961 年，方才查明，骨痛病与三井金属矿业公司设置在神通川上游的炼锌厂排出的废水有关。废水中含有镉，两岸居民饮用含镉之水，食用含镉之米，使镉在体内积存，最终导致骨痛病。

有报道称，到 1972 年 3 月，骨痛病患者达到 230 人，死亡 34 人，并有一部分人出现可疑症状。

（三）水污染的危害

美国海洋生物学家蕾切尔·卡逊在《寂静的春天》一书中写道："虽然无边的海水覆盖着绝大部分地球表面，我们却在这汪洋大海之中感到缺水——水在我们所有的自然资源中已经变得分外珍贵。这似乎很矛盾，但事实是，世界上很多地方的人正在体验或者将面临淡水严重不足的威胁。因为地球上丰富水源的绝大部分含有大量海盐，故不宜用作农业、工业和人类日常使用。之所以水和其他资源一同变成了人类漠然不顾的受害者，是因为人类既忘记了自己的起源，又无视维持生存起码的需要。"

日益加剧的水污染已对人类的生存构成重大威胁，成为人类健康、经济和社会可持续发展的重大障碍。据权威机构调查，在发展中国家，各类疾病有 8% 是因为饮用了不卫生的水而传播的，每年因饮用不卫生的水至少造成全球 2000 万人死亡；当今世界有 20 亿人喝不到干净的水，人类 80% 的疾病、33% 的死亡和 80% 的癌症与饮用不洁水有关。因此，水污染被称作"世界头号杀手"。

第3章
回归棉制品：人类未来的绝佳选择

1954 年，中国人口数量达到 6 亿。

正如前文所述，清乾隆时期之所以会出现"人口大爆炸"（3 亿），重要原因之一是从美洲传入的红薯和玉米大大增加了养活的人数。

当人口数量再度翻倍，而土地数量有限，再加上一些错误导致粮食生产出现很大问题，如何满足 6 亿人吃饭的需求成为头等难题，棉花的生产自然让位于"以粮为纲"的政策。

正是从这一年开始，中国发行布票，按计划定量供应棉花和棉织品，凭布票购买。后来，越来越多的物品都需要凭布票购买。于是，补丁套补丁的衣裤、戴保护衣袖的袖套便成了那个年代的独特风貌。

在这种情况下，国际上流行的的确良面料进入了中国人的视野。它挺括、耐穿，而且免烫，受到人们的青睐。1968 年，上海市民为了抢购的确良甚至挤碎了商店的玻璃橱窗，造成 1 死 6 伤。

的确良是一种化学纤维，从石油、煤炭中提炼合成而来，只要掌握了技术，就可以稳定、大量地供应。20 世纪 50 年代末，中国从德国引进了一套化纤设备，建成了年产 6000 吨的保定化纤厂。后来自主设计建成了南京、杭州等一批人造纤维厂。

从 20 世纪 70 年代开始，中国化纤工业进入全面发展时期。到 1986 年，中国已成为世界化纤生产大国，产量突破 100 万吨，居世界第四位。

过去 20 年，全球纺织纤维加工量保持 3.02% 的年均增长速度，中国的增长速度远高于全球。2015 年，中国化纤产量为 4831 万吨，占全球产量的 70%，早已成为世界上最大的化纤生产国。

在特定的社会条件下，化纤的确满足了中国人对服装的需求。然而，随着时间的推移，化纤生产跟绿水青山之间的矛盾日益突出，跟人民群众日益增长的物质文化生活需求不再同步。

据统计，人类越来越高效的工农业开发、越来越严重的工农业污染，已经破坏了地球半数以上的原始森林，60% 的温带混交林已经消失，30% 的针叶林遭到砍伐，45% 的雨林变成荒地，70% 的热带森林被砍伐或焚烧。地球，因此失去了很多极其珍贵的动植物物种。

据生物学家和生命学家推测，在接下来的 100 年中，一半的地球生命将会面临灭顶之灾。一个被学术界认为可靠性很高的估算结果是每年大约有 2.7 万个物种消失。

按此推算，不用等到地球消失，在 1000 年内将会有 2700 万个物种灭绝，也就是地球上几乎所有的生命都会消失。

而这"几乎所有"理所当然包括人类，因为所有的生命中人并不是最顽强的，有时候甚至是相当脆弱的。

近年来，中国和其他有远见、有担当的国家一起，注重环境保护，并将国家的发展与节能减排、绿色发展挂钩。

在这条充满希望的路上，棉花必定会成为中国人最亲密和强有力

的战友，因为在我们能够获取的纤维中，棉花是最环保的。

令人遗憾的是，在化纤冲击的惯性下，目前我国对棉花的关注还不够，投入的科研费用和人力远远不够，大众使用棉制品的习惯尚未养成。

以棉花的种植来说，棉花是最耐旱的农作物，种植棉花仅需消耗2.6%的农业生产用水、3%的耕作面积，却能提供全球36%的纺织用纤维；棉花也是最耐盐碱的农作物，在电导率9.64dS/m的盐碱地，除了棉花外，几乎没有其他农作物能生长，而且在这种盐碱地种植棉花能保持90%的收益率；棉花还是最可持续、最天然的纤维，棉制品用弃后埋在土壤里，3个月就可以自然降解，变成有机肥料；棉籽所提供的能量是棉花生长和加工过程中所需能量的1.33倍；棉花更是最安全的天然纤维，它天生具有较强的抗病虫害特性，农药残留量少，因而无刺

激、不致敏，更安全。

棉花不但跟人类一起对抗土地盐碱化，在生长过程中还吸收大量的二氧化碳，释放大量氧气。每年全球种植的棉花吸收的二氧化碳相当于 750 万辆客运车的尾气排放量。

然而，这样一种几乎完美的农作物，近年来在中国的种植面积却逐年下降，自 2011 年的 5037.81 千公顷下降至 2016 年的 3376.1 千公顷，2017 年再度减少 4.3%，下降至 3229.6 千公顷。

不仅如此，目前中国还存在大量抛荒的现象。

自实施家庭承包制以来，中国农村出现了三次不同规模的抛荒现象：第一次发生在 20 世纪 80 年代中后期，一部分农民洗脚上岸。第二次发生在 20 世纪 90 年代中后期，农民外出务工成为常态，农地抛荒现象变得明显。第三次发生在 2007 年前后，以农业大省四川为例，据四川省农业厅 2008 年的调查统计显示，抛荒耕地总面积达 5541 亩，占调查耕地面积的 5.3%；湖南等省的土地抛荒情况也很严重。

对于过去寸土必争、寸土不让的中国人来说，这是历史上从未出现过的对土地资源的极大浪费，而且对粮食安全、资源安全来说都是极大的隐患。

导致土地资源浪费的一个重要原因，就是农业生产投入大、收益少。

韩国为了保护本国农业，提倡"身土不二"，尽管这导致韩国本土产牛肉价格奇高，苹果、西瓜都成为奢侈品，但效果确实不错。

对于地大物博的中国来说，保护土地资源、环境资源也许并不需要付出沉重的代价，只需要做一件事——多用棉花。

2014 年，在美国国际棉花协会举办的中国峰会上，中国产业用纺织品行业协会副会长李建全先生提出："中国人应该多使用棉花。使用棉花越多，人们栽种棉花的热情就会越高；棉花种得越多，盐碱地会得到更好的改善，沙漠化可以得到逆转，空气会变得更好，水资源会得到节约，抛荒的土地也可以得到'盘活'。虽然我们坚持推广棉的价值 8 年了，但一切才刚刚开始。作为一个成长期的中国品牌，我们一直有个心愿，就是'全棉改变世界'。听起来很大，但每一步，我们都走得非常真诚。我们希望成为一个对自然、社会、棉农都有利的平台。通过领先市场的棉产品，为人们带来舒适、健康、环保的全棉生活。同时，更重要的是，希望通过好的产品体验，带动用棉量的提升，提高棉农种植棉花的积极性。鼓励人们多用棉，让棉农多种棉，在为棉农创造收益的同时，来改善地球的环境。全棉时代，也希望有更多的同行参与进来，一起开发和推广棉产品，普及棉的价值。相信，当棉的需求不断提升，'全棉改变世界'便不再是一句口号，而是一种带着温度的行动。"

　　的确，个人的力量很小，但每个人都养成多用棉花和棉制品的习惯，未来一定可以改变世界。

　　更何况，为了满足人们所需，棉花和棉制品也在随需应变、与时俱进。

一、棉布"变形记"

　　作为由种子产生的天然纤维，棉很早就显示出压倒性优势。在棉纺织方面起步较早的印度，很早就能将棉布做到薄如蝉翼，也有十分紧俏的精良的平纹细布、色泽多样的印花棉布。在中国，黄道婆改进棉花产业链后的短短 200 多年，人们通过不同的纺织、制作方法，令棉布产生了各种适应人们不同穿着需要的种类。

近现代，人们通过精梳、强捻、烧毛、丝光、起绒、脱脂等工艺，使棉变化多端、多姿多彩，更好地适应人们对服装、织物的多样化需求。

（一）三梭布

产自松江车墩一带，幅阔三尺余，特点是光洁细密。其中府城东门外离车墩不远的双庙桥有个叫丁娘子的，弹棉花极纯熟，花皆飞起，用以织布，尤为精软，因而人称"飞花布"，又称"丁娘子布"。丁娘子此法相当于现代人所说的精梳。现代精梳工艺是把棉、毛、丝纤维加工成织物前，用精梳机将纤维中的杂质和粗短纤维排除。精梳后的纱线条干均匀、光洁、强力明显提高，织制的织物纹路清晰、条影少、表面匀净，在质感、耐洗与耐用度等方面都有较高的品质水准。

三梭布是明代松江每年都要进贡朝廷的贡品，皇帝用它来制作内衣。朱彝尊诗："丁娘子，尔何人？织成细布光如银。舍人箧中刚一匹，赠我为衣御冬日。"

（二）番布

正如前文所述，相传番布为黄道婆所传授，纹样精美，价值不菲，深受高官重臣的喜爱，"孝宗在东宫，深知其弊，即位首罢之"，后渐绝迹。

（三）兼丝布

用白色的苎麻或黄草丝与棉纱混合织成，多以丝为经，以棉为纬，适合染色。织成的布兼有麻丝的挺括与棉纱的柔软。

（四）药斑布

药斑布又称"浇花布"，就是我们常说的蓝印花布。最初出于青浦重固（今上海市青浦区），明代时松江城中很多。

（五）紫花布

世界近代贸易史上最火的单品之一。紫花布是用一种花为紫色的土黄色棉花纺织而成，未经加工的紫花布略带黄色，经久耐用。当时以南京为集散地，经营这种棉布的东印度公司称其为"南京布"。紫花布远销欧美并广受欢迎，尤其是在英法两国，大量女士内衣、长裙和男士裤子都用紫花布来制作，英国上流社会流行的装扮是"杭绸衬衫配紫花布长裤"。包法利夫人穿过紫花布长袍，让陌生男人见之犹怜。基度山伯爵也穿过高领蓝色上装、紫花布裤子。

（六）牛津纺

大约在 1900 年，为对抗当时浮华奢靡的衣饰风气，英国牛津大学的几个学生自行采用精梳棉和涤纶等原料进行设计加工的。此面料呈双色效应，色泽调和文静，透气性好，舒适自然。该面料后来成为牛津大学校服的专用面料，进而风靡欧美百年，世称牛津纺。

（七）玻璃纱

玻璃纱又称巴厘纱或巴里纱（voile），是一种稀薄半透明的平纹织物，原料有纯棉、涤棉。织物中的经纬纱，或均为单纱，或均为股线，均采用细特精梳强捻纱，经纬密度比较小，由于"细""稀"，再加上强捻，使织物稀薄透明、步孔清晰、手感挺爽、富有弹性、透气性好、穿着舒适。

强捻其实是利用棉纱横截面间产生相对角位移，使原来伸直平行的纤维与纱轴发生倾斜，改变纱线结构，粗条在加捻过程中逐渐收缩，两侧逐渐折叠而卷入纱线条中心，形成加捻三角形，在加捻三角形中，棉条的宽度和截面发生变化，从扁平带状逐渐变成圆柱形。强捻纱线织物的透气性和耐磨性都优于普通棉织物，布面纹理清晰、较少起毛和起球。

玻璃纱适合用于制作夏季女衬衣、裙子、睡衣裤、头巾、面纱，台灯罩，窗帘等。

（八）绉布

绉布又称绉纱。汉代人称为"縠"，他们利用强捻的纱线受潮后会产生皱缩这一规律，用强捻的丝线来织成纱，然后浸水使之收缩而起皱。这样的布料虽显细薄，却给人一种厚实感。长沙马王堆三号汉墓出土的四块浅绛色绉纱，就是用这种方法织造的。

棉布经过相应处理，同样也能生产出类似手感挺爽、柔软轻薄的绉布。

绉布所用经纱为普通棉纱，纬纱则为经过定型的强捻纱。织成坯布后，经过烧毛、松式退浆、煮练、漂白和烘干等前处理加工，使织物经受一定时间的热水和热碱液的处理，纬向收缩（约30%）而形成全面均匀的皱纹（也可以在收缩前先通过轧纹、起皱等处理，这样可使布面皱纹更细致、均匀和有规律）。

上述"烧毛"就是将纱线或织物迅速通过火焰或在炽热的金属表面擦过，烧去表面绒毛。纤维经纺织加工会在纱线和织物表面产生很多绒毛，影响染整的工艺效果。根据产品的要求，有的纱线（如绢丝）和大部分织物要经过烧毛工序，使表面光洁平整、织纹清晰。烧毛的火焰温度通常在900℃～1000℃，炽热金属板的表面温度也达800℃，都高于各种纤维的分解温度或着火点。烧毛时，纱线或织物在一定的张紧状态下高速通过火焰，由于表面的绒毛相对受热面积大，瞬时升温至着火点而燃烧，而纱线或织物本体因拈回和交织紧密，升温速度并不如此迅速，所以很少受到影响。

绉布宜做各式衬衫、裙料、睡衣裤、浴衣等。

（九）丝光棉

棉纱经过烧毛、丝光等工艺处理，可以产生丝光棉等特殊面料。

1844年，英国化学家麦瑟用棉布过滤浓烧碱中的木屑时，发现棉布变厚了，于是他明白了浓烧碱可以使棉纤维溶胀。1890年，洛尔依照此方法用浓烧碱处理棉布时，发现施加张力，可以提高棉的光泽。1895年，丝光开始工业化，为了纪念麦瑟，人们将丝光处理称为麦瑟处理。经过丝光处理的棉纤维，其纤维形态特征发生了物理变化，纵向天然转曲消失，纤维截面膨胀，直径加大，横截面近似圆形，增加了对光线的有规律反射，使棉纤维制品表面呈现丝一般的光泽。又由于分子排列紧密，强度比无光纱线高，提高了棉纤维强力和对染料的吸附能力。

丝光棉面料属棉中佳品，比一般棉织物轻薄，吸湿性、透气性良好，不仅完全保留了原棉优良的天然特性，而且具有丝一般的光泽，织物手感柔软。

丝光棉面料以棉为原料，经精纺制成高织纱，再经烧毛、丝光等特殊的加工工序，制成光洁亮丽、柔软抗皱的高品质丝光纱线。以这种原料制成的高品质针织面料清爽、舒适、柔软、吸湿、透气性能好、光泽度极佳、花色丰富，多用于高档 T 恤衫、Polo 衫和商务袜等。

（十）府绸

我们在小说里见到的某人穿府绸衫，这"府绸"并不是丝绸，而是由棉、涤、毛、锦或混纺纱织成的平纹细密织物，但是手感和外观类似于丝绸，故称府绸。

府绸最早在山东历城、蓬莱等地织制，采用条干均匀的经纬纱线，织成结构紧密的坯布，再经烧毛、精练、丝光、漂白和印花、染色、整理而成。质地细密、平滑，有光泽，垂感好，手感和视觉都非常舒适，主要用来做衬衫、夏季衣衫和日常衣裤。

（十一）棉华达呢

华达呢本来是毛织品，由博柏利创始人托马斯·博柏利（Thomas Burberry）于 1879 年研发成功，是一种用精梳毛纱织制的结实、防水、透气的紧密斜纹毛织物，表面平整光洁，斜纹纹路清晰细致，手感挺括、结实，色泽柔和，多为素色，也有闪色和夹花的，适合做雨衣、风衣、制服和便装等。但穿着后长期受摩擦的部位纹路会被压平，变得比较光滑。

后来有人用棉纱线仿效毛华达呢风格织制成棉华达呢，坯布经丝光、染色等整理加工后，同样具有华达呢的特性，现在也广泛应用于制作风衣等。

（十二）牛仔布

棉纺织品经过相应的工艺制作，不仅可以跟娇贵的丝绸比拼"美貌"和顺滑，也可以跟兽皮和麻布比拼耐磨性。

早在古罗马时代，哔叽就被用来做军服。哔叽可谓"制服的诱惑"，光洁平整，纹路清晰，质地厚而软，悬垂性好，做成军服和制服非常拉风。它是典型的羊毛织物，"哔叽"这个词来源于 beige，意思是天然羊毛的颜色。

随着棉花工业在欧洲的兴盛，棉哔叽出现了。棉哔叽以棉或棉混纺纱线为原料，组织结构与毛哔叽相似，垂感同样很好，光泽感也很好，价格却便宜多了，所以一度被称为"充哔叽"。直到现在，很多西装和工作制服都用棉哔叽制作，效果很不错。

法国尼姆的斜纹哔叽布料 Serge De Nimes（丹宁布/牛仔布）非常有名，当时主要用来制作船帆，哥伦布发现新大陆时已有这种布料。哥伦布之所以能够进行长时间的海上航行，除了钱够多、船够大，有足够大的船帆也很重要。事实上，尼姆从中世纪开始就以纺织厚而结实的帆布著称。

Serge De Nimes 是否就是今天的牛仔裤布料已经难以考证，但 Serge De Nimes 是一种斜纹哔叽布料，现在的牛仔裤正是斜纹面料，而牛仔裤的发明者李维·施特劳斯最初用来给淘金者做工装裤的布料是从法国进口的名为"尼姆靛蓝斜纹棉哔叽"的面料。

　　大洋彼岸的美国西部发现大片金矿后，人们疯狂地涌向西部淘金，犹太人李维·施特劳斯也是其中一员。不过，到了所谓的大金矿，满山遍野的帐篷和淘金的人群让李维·施特劳斯惊呆了。无论在哪里，成功的人总是少数，淘金潮里到处都是把把落空的失败者。

　　李维·施特劳斯迅速开动脑筋，决定另辟发财蹊径。他注意到淘金者们都生活在山野间，离市区很远，哪怕买一点点日用品都不得不跑很远的路。而且日用品卖得很贵，一条在纽约标价 5 美元的毛毯在这里可以卖到 40 美元。于是他干脆放弃淘金，开了个日用品小店。

　　不出所料，李维·施特劳斯的小店生意非常红火。他又注意到，满大街的人都衣衫褴褛，裤子的臀部都磨穿了，膝盖上有两个大洞，裤兜开裂——这并不是因为穷，而是因为淘金工作常常需要跪在地上，衣裤经常与石头、砂土摩擦，裤兜经常要放工具，一条新裤子穿不了几天就磨破了。

　　李维·施特劳斯马上动手，用制作帐篷的帆布加工成耐磨的裤子，向淘金者出售，结果非常受欢迎，被工人们亲切地称作"李维氏工装裤"，有工人甚至不惜用价值 6 美元的沙金跟他换一条裤子。

　　不过，用帆布做的裤子虽然结实耐磨，但穿到身上又厚又硬，很不舒服，也不方便劳作。李维·施特劳斯一直在寻找新的面料。

　　来自法国尼姆的靛蓝斜纹棉哔叽进入了李维·施特劳斯的视野，他立即用这种布替换了帆布，结果发生了奇妙的"化学反应"，生产出来的裤子既结实又柔软，样式美观，穿着舒适，迅速在美国西部的淘金工、农机工和牛仔中广为流传，被称为牛仔裤。

　　后来李维·施特劳斯将加上黄铜铆钉的牛仔裤申请了专利，传统牛仔裤就此定型。专利申请获批的 1873 年，李维·施特劳斯的公司获得利润 43510 美元，1876 年公司年销售额增长到 20 万美元，1880 年公司拥有 250 名员工且销售业绩突破 240 万美元。

牛仔裤渐渐风靡全球，成为至今仍畅销不衰的服装款式。

（十三）天鹅绒

天鹅绒是老牌贵族面料，在中世纪和文艺复兴时期几乎全用真丝制作，因此也称为丝绒。贵族们喜欢这种透着高贵光泽感和有着温柔触感的面料。

天鹅绒历史悠久，其编织工艺可以追溯到公元前 2000 年的埃及。到了 10 世纪，在中东和东欧地区，天鹅绒的生产达到了一定的规模，一些技艺娴熟的织工逐渐西移，在意大利和西班牙等地建起了天鹅绒的生产中心。

1278 年，英格兰国王的御用裁缝以高价在巴黎购买了一张天鹅绒面料的床，标志着天鹅绒大肆流行的开始。

作为丝绸的主产国，中国的天鹅绒制作经验也很丰富。在中国，天鹅绒因起源于漳州亦称"漳绒"，以绒为经，以丝为纬，是在元代著名的"丝绵里"剪绒的基础上发展起来的，并从"织素"发展为"起花""割花"，渐趋完美。明代时大量生产并销往日本、葡萄牙、荷兰、新加坡等地，尤受日本人喜爱。

天鹅绒自明代传到南京后，经加工创新，发展成南京独有的雕花天鹅绒，价格极其昂贵，只有达官贵人才用得起。

清代时，天鹅绒成为贡品，还远销东南亚。

到了近现代，天鹅绒面料均采用高配以上的优质棉纱制成，尽管对棉花的要求很高——品级高、线密度小、长度长、成熟度好的细长绒优质棉，且对毛圈纱的捻度有着特殊要求，但是整体成本已经大大降低，"飞入"了寻常百姓家。

（十四）平绒

平绒属于棉织物中较高档的产品。采用起绒组织织制，再经割绒整理，表面具有稠密、平齐、耸立而富有光泽的绒毛，故称平绒。平绒绒毛丰满平整，质地厚实，手感柔软，光泽柔和，耐磨耐用，保暖性好，富有弹性，不易起皱。其中有一种经常被用来做火车坐垫、沙发布，另一种经常被用来制作服装、军领章和装饰品。

（十五）灯芯绒

灯芯绒也是一种棉织物，因绒条像灯芯草，所以取名灯芯绒，又名条绒。布料厚实，穿着舒适，适合春、秋、冬三季穿着，可做外衣、裤子，也可做鞋面，过去很受男女老少的欢迎。

灯芯绒属纬起毛棉织物，由一组经纱和两组纬纱交织而成，地纬与经纱交织形成固结毛绒，毛纬与经纱交织割绒后，绒毛覆盖布面，经整理形成各种粗细不同的绒条。

（十六）长毛绒

长毛绒是布面起毛、状似裘皮的立绒毛织物，俗称"海虎绒"。正面有密集的毛纤维均匀覆盖，绒面丰满平整，富有弹性，保暖性能良好。主要用于制作大衣、衣里、衣领、冬帽、绒毛玩具，也可用于室内装饰和工业。

机织长毛绒由三组纱线交织而成。地经、地纬均用棉纱，起毛经纱用精纺毛纱或化纤纱。地经、地纬两组棉纱以平纹交织形成上、下底布，起毛纱连结上、下底布，织制成双层绒坯，经剖绒机刀片割开，就成了两块长毛绒坯布，再用长毛绒梳毛机将毛丛纱线拈度梳解成蓬松的单纤维，用剪毛机将毛丛纤维表面剪平，即成素色长毛绒。

素色长毛绒可以制成由粗刚毛和细绒毛长短结合的各类兽皮型或羔皮型长毛绒，替代各种动物毛皮。

二、脱脂棉和卫生巾

棉花不仅被用于人们日常的穿着使用，还被用于医学领域。

面对伤口，人类很早就开始寻找合适的敷料。古埃及人在公元前3500 年就开始利用棉纤维、马鬃作缝合线缝合伤口。

隋代巢元芳的《诸病源候论》中有用鸡血、生丝等做肠吻合术、大网膜血管结扎术的记载。

唐代武则天时期，太子李旦被人诬告谋反，武则天下令查处，太常寺乐工安金藏为洗脱太子罪名，当众引佩刀自剖其胸，肠出，并言"剖心以明皇嗣不反"。此举使武则天猛然醒悟，取消了对李旦的追究，又派御医去给安金藏治疗。医者将他的肠子放回腹腔，用桑白皮线缝合伤口，敷上疗伤药物，安金藏一夜后苏醒过来。

英国维多利亚时代，医学界普遍缺乏消毒意识，导致外科手术成功率很低。外科医师约瑟夫·李斯特经过观察发现，皮肤完好的骨折病人一般不易发生感染，便提出设想——感染是外部因素造成的。19 世纪 50 年代，法国微生物学家巴斯德发现了微生物，为约瑟夫·李斯特的设想提供了理论上的依据。1865 年，李斯特首先提出缺乏消毒是手术后发生感染的主要原因。由于医生的逐渐接受和发扬光大，其后不到 10 年，手术后死亡率从 45% 降到 15%，挽救了亿万人的生命。棉类传统敷料因有较高吸液能力，能防止局部产生积液，还可以从人体上去除坏死组织，而逐渐成为临床上比较受欢迎的敷料。

自然收获的棉花是有油脂的，这样棉花纤维表面就有一层油脂，会妨碍对酒精、水分等的吸收，不适合作为药棉使用。人们选取最上等的棉花、苛性钠（NaOH，工业级）和水，除去棉花夹杂物，然后脱脂、漂白、洗涤、干燥、整理加工制成脱脂棉。

脱脂棉无臭、无色斑，具有很好的吸水性，纤维柔软细长，洁白而富有弹性，易于分层。

不久后，卫生巾也被发明出来了。据说，卫生巾是一战时期美国女护士发明的，她们用药用棉花和绷带制成了早期的卫生巾。

1921 年，美国金佰利公司成功制造出抛弃式卫生棉。1927 年，强生公司推出了自己的卫生巾产品摩黛丝。在 20 世纪 70 年代还有一个大突破——自粘式背胶卫生棉垫"诞生"，令现代女性的生活幸福度大大提升。

三、全棉水刺无纺布

将高压微细水流喷射到一层或多层纤维网上，使纤维相互缠结在一起，从而使纤维网得以加固而具备一定强力，得到的织物即为水刺无纺布。这种水刺法又称射流喷射网法、力缠结法、喷水成布法等，是美国杜邦公司和奇考比公司（Chicopee，Johnson & Johnson）相继于 20 世纪 70 年代开发研制成功的。

水刺无纺布突破了传统的纺织原理。利用水刺法加工棉花，是对棉花纺织颠覆性的革新，它完全省去了传统棉纺织工序中的纺纱和织布环节，大大缩短了工时，从原棉到成布仅需要 5 分钟时间，大大节约了能耗、人工和设备，低碳环保，节能减排，降低成本 30% 左右。

无纺布具有防潮、透气、柔韧、不助燃、无毒、无刺激性、色彩丰富等特点。用棉花制作的全棉水刺无纺布产品用途很广，可以用在医疗上，比如一次性外科敷料、消毒湿巾、可溶性止血纱布、绷带等；也可以用于日常生活，比如餐饮湿巾、化妆棉、面膜、卫生巾、护垫、尿布、保健内衣等，还能替代纸巾、毛巾。

替代纸巾这一点非常重要。一张纸巾的蝴蝶效应，影响之广泛，在日常生活中常常被我们忽视。

以 2014 年的数据为例，2014 年中国生活用纸量是 759 万吨。而生产 1 吨纸需砍伐 24 棵十年生大树，也就是说，这一年约 1.82 亿棵十年生大树被砍伐。假如每人每天浪费一张纸，全国就要浪费约 2700 吨纸，意味着 6.48 万棵大树瞬间化为乌有。

生活用纸包括厕纸、面巾纸、手帕纸、餐巾纸、擦手纸、厨房用纸等，所以人们浪费纸巾，就是在浪费森林资源。

在造纸过程中，不仅消耗了大量森林资源、煤炭等能源，还带来了废水、废气、废渣和噪声污染。更有甚者，有些黑心纸厂商为生产出更白、更亮的纸，不仅在生产过程中使用含氯化学品来漂白，还无节制地添加荧光增白剂等，造成严重的环境污染。

两相比较，制作全棉水刺无纺布只需要物理加工，不需要进行任何化学处理，天然、健康，而且可以清洗后重复使用。每天少用一张纸巾，就是挽救千万棵大树。

更重要的是，棉花每年至少可以收获一次，年年都可以再生，而树却要多年才能长大。更多地使用棉制纸巾，既是挽救树木和森林，也是挽救地球，更是挽救人类。

四、走在更强、更环保、更优质路上的棉花

棉不仅在纺织工艺上不断变化、进步，以更符合人类的穿着和使用需求，棉花本身也在朝着更环保、更优质的方向上不断进步。

（一）更强的 700 支棉纱

一磅棉花能纺出多少 840 码长的棉线，就被冠以几支的标签。

用我们习惯的计量单位来说，就是 0.45 公斤棉花如果能生产出 768 米长的棉线，便是一支。支数越高，纱线越细，价格越贵。

以前 40 支就算高支纱了，现在 100 支的都很常见。以今天的技术，0.45 公斤的棉花纺出来的棉线比一场马拉松全程距离还长得多——那还只是普通品质的棉线。

国内纺纱厂都想率先纺出更高支的棉纱，300 支、330 支……一直向上。

据说有企业用 500 支的棉纱做了块手帕送给总理，不久就有人拿出了 600 支的。

现在，700 支棉纱"横空出世"，每根棉纱的横截面几乎只有五六根纤维。

假如用 700 支的棉纱做件衬衫，大约能和湖南长沙马王堆汉墓出土的那件素纱襌衣遥相呼应，代表着古今"驯服"棉花的超高水平。

（二）更环保的转基因棉花

过去，跟所有农作物一样，棉花在种植过程中深受虫害困扰，不得不使用大量农药，对环境造成一定污染。转基因等生物技术的运用将大大改变这种状况。

跟其他领域闻转基因色变不一样，普通人并不会在意穿的衣服是否是转基因棉花做的。

转基因棉花自身能产生杀灭棉铃虫的杀虫成分，能够自然而然地消灭铃虫，促进昆虫天敌回归，为转基因棉花和周围的田野提供有效的生物学虫害防治。

研究人员采用自然实验，借助中国北方农民网络系统回顾了可追溯到 1990 年的 36 个地点的数据。利用这一强大的工具，研究人员比较了转基因棉花种植前、种植期间和种植后害虫和天敌的种群动态。他们发现，所有的地点由于减少喷洒杀虫剂，捕食性节肢动物种群数量增多，使蚜虫种群下降。

此外，研究人员还发现，不仅转基因棉花中的捕食动物种群较高，在周围的花生和大豆地中也相应增高，表明增加天敌的益处也覆盖到了邻近作物。

生态系统中天敌增多有助于长期控制虫害，避免了喷洒杀虫剂后出现的抗性害虫爆发。捕食动物的适应性强，广泛分布，捕食几种不同的害虫，为周边的农作物提供天然的生物虫害控制。

（三）更优质的棉花品种

棉花有的高大，有的矮小，有的高产，有的强韧，每个棉种都有自己的特征。中国许多实验室已经备有棉花文库，给棉花做基因组测序，提取棉花蛋白质放大 4000 倍观察——跟孕妇做唐氏筛查差不多。

以"2 的 N 次方数量级"复制出来的一片棉花基因更像一块豆干，这块"豆干"里有棉花全部的生物学奥秘。研究者通过基因寻找着有超强、超细纤维的棉花家族，同时寻找抗病等基因，把人类梦想的这些特质努力集中到一个超级棉花品种里。

我国棉花细胞工程研究第一人——华中农业大学副校长张献龙认为："生物技术将成为棉花育种的重要手段。传统的育种技术为棉花品种改良做出了重要贡献，但无论在产量上，还是在品质和抗性的改良上都已达到较高水平，进一步提升棉花品种的科技含量，需要借助生物技

术。目前生产上大面积使用的抗虫棉就是生物技术育种的重要代表。棉花生产存在的主要问题表现在品质结构单一、黄萎病危害严重、种质资源遗传结构狭窄、高温引起蕾铃脱落造成产量损失等问题。生物技术与传统育种技术结合将有效地解决上述问题。将棉花基因组学、功能基因的发掘与品种选育联系起来，参与国际竞争、服务国家棉花生产需求，这是我们的长远目标。"

2006 年，"实践八号"育种卫星升空，里面装载了棉花种子。通常来说，在太空遨游过的农作物种子，返回地面种植后，不仅植株明显增高、增粗，果型增大，产量比原来普遍增长，而且品质也大幅度提高。研究者希望通过太空特殊辐射诱变，培育质量更优、产量更高的太空棉。

7 年过去后，这批太空棉种子采用营养钵育苗技术培育后，棉桃体积比普通棉花足足大了两三倍，而且抗病虫害能力更强。

2008 年 9 月，"神舟七号"载人航天飞船遨游太空之际，也搭载了从河北挑选的 50 克优质棉花种子。这批被送入太空的棉花种子有 100 粒左右，本身抗涝、抗虫性能比一般棉花种子强一些，适合在盐碱地生长。研究者希望经过太空遨游之后，这些特质得到进一步的增强。

太空和海洋一样，是人类未知的浩渺区域。1492 年，哥伦布出发时，他并不知道沿途看到的那些普普通通的棉花将如何牵动之后的人类历史。同样的，现在的我们也不知道，今天棉花和人类一起"迈向"太空，又将为人类的未来埋下怎样的草蛇灰线。也许在未来，超级棉花真的会出现，使人类的生活更健康、舒适、环保。

一个选择可以改变世界，一种理念可以让蓝天、绿地长存，远离化学品的刺激和过敏，回归绿色、天然的朴素生活。

无论是基于棉花本身的创新、植棉业的创新，还是棉花产业链的

创新，最重要的是使棉制品更适应时代的发展、贴近消费者的需求，最需要保障的是与棉花有关的数以亿计的人们生活的安稳。

　　因为棉花的特性——优越的保暖性、透气性、舒适性、安全性、环保性等，无论是过去还是将来，棉花都以强盛的生命力与人类共存。再加上人类的不断创新，从基因技术、杂交技术和配种技术等方面同时"发力"，棉制品将有更多特性，例如单面防水、单面穿透、耐磨、还原、光鲜、挺括等。一旦棉制品不仅保持现有的优越性，而且具备化纤的功能，毫无疑问，棉产业将进入鼎盛时代，带领人们进入天然的生活方式，让天更蓝，水更清，大地生机一片。

我是棉，

是一种天然的古老纤维。

我是阳光和空气的结晶，也是大地的保护神。

因为我耐旱，把边疆沙漠逐步变为绿洲，绵延千里；

因为我耐碱，盐碱地因我的存在变得可耕种、可循环。

我吸收的是二氧化碳，释放出来的却是氧气，让空气更新鲜；

即使你把我用完了丢弃在地里，3个月后我又变成了肥料，滋润着大地。

你知道为什么全棉的衣物是最透气、最舒适的吗？

因为我天生就是多孔的纤维，可帮助肌肤呼吸空气；

与生俱来8%的含水能力，始终可以调节人体表层的水分。

虽然我生长和被加工时也需要能量，

可我的副产品——棉籽所含的能量是我需要的1.33倍呀！

所以你们的科学家说我是可持续、可再生、健康的天然纤维。

我是棉，

我深信你们一定会看到我对人类和地球的价值；

我是棉，

不会计较得失，为了人类的子孙万代，

我会始终如一给人类提供衣食等全棉物品，

更加顽强地保护土壤和地球，

让天更蓝，水更清，大地生机一片。

参考文献

[1] 皮翠拉·瑞沃莉. 一件 T 恤的全球经济之旅 [M]. 石建海, 译. 北京: 中信出版社, 2011.

[2] 赵翰生. 中国古代纺织与印染 [M]. 北京: 中国国际广播出版社, 2010.

[3] 汪若海, 承泓良, 宋晓轩. 中国棉史概述 [M]. 北京: 中国农业科学技术出版社, 2017.

[4] 斯温·贝克特. 棉花帝国: 资本主义全球化的过去与未来 [M]. 林添贵, 译. 台北: 天下文化, 2017.

[5] 李当岐. 西洋服装史 [M]. 北京: 高等教育出版社, 2005.

[6] 何晓春. 化学与生活 [M]. 北京: 化学工业出版社, 2008.

[7] 上海市地方志办公室. 上海名镇志 [M]. 上海: 上海社会科学院出版社, 2003.

[8] 陈福民. 说说合成纤维的故事 [J]. 化工管理, 2016, 5 (13): 67-71.

[9] 刘正刚, 付伟. 黄道婆问题再研究 [J]. 海南大学学报, 2007, 25 (5): 481-485.

[10] 尚鑫. 黄道婆纺织技术的推广对上海 "小男人" 民俗的影响 [J]. 岁月, 2011 (9): 57-58.

[11] Perry Walton. The Story of Textiles (1912) [M]. Montana: Kessinger Publishing, 2009.

后　记

在我的老家湘西南部，马路旁、房前屋后，只要有一小块空地播下种子，棉花就会自行生长，到秋天"吐"出一团团雪白的棉絮。我的母亲退休后利用闲暇自种自收，花上一点点加工费，每年能打出好几床8斤以上的棉被。

即使不事生产的人，去药店买一大团脱脂棉，费用也不过几块钱而已。

轻易便能得到的东西，就算再好，也难免被人轻忽，这是人性使然。因此，尽管中国棉花产量多年来在全世界数一数二，跟棉花相关的印染、纺织、服装等行业兴盛发达，产值巨大，但是普通人对棉花的可贵、可敬、可爱以及种种不可思议，仍处于一片混沌之中：知道它很好、很重要，却并不知道它到底有多好、多重要。

本书正是在那些真正懂得棉花有多好、对棉花怀有极度热爱的人士推动下成书的。

当第一次听到中国产业用纺织品行业协会副会长李建全先生斩钉截铁地说"棉花绝对是这个世界上最好的作物"时，身为文字工作者的我，尽管早已熟知棉纺织对资本主义萌芽、第一次工业革命的重要作用，已从《飘》《诺桑觉寺》等小说中察觉到棉花对美国南北内战、近现代史的巨大影响，对棉花却依然抱持着"路人粉"的看法：它是不错，但也没好成这样吧？

但当我深入了解后，便真真切切为棉花独特的魅力而着迷，它确实就是这样好！

就像书中所写的那样，棉花是大自然独一无二的恩赐，牵动了人类7000年的悲欢离合，却始终平实地陪伴我们左右；它极其环保，用棉制成的用品很快便会降解；虽是速朽的，它的生命力却是永恒的，在肥沃的土壤里可以生长，在盐碱地里同样茁壮；它从生到死都不过是围绕着土壤和人类的肉体凡胎打转，却又神奇地影响着地球的空气、水，影响着整个人类的未来……

本书的创作初衷，不是对棉花专业知识的严肃传播，也不是对棉花独特魅力的歌功颂德。正如斯温·贝克特在《棉花帝国：资本主义全球化的过去与未来》里所提及的那样，很少有棉花工人进入我们的历史书籍，绝大部分人根本没留下痕迹。棉花其实同样如此，在史册上往往被一笔带过。面对这样的伟大而隐秘，我们能做的，不过是尽力用文字还原它的珍贵，从我们曾经自以为熟悉的、可成定论的历史事件和历史人物的故事中，一点点清理、勾勒出棉花被湮没、被忽视的作用，令它在每个人心中，得到本该有的喜爱和重视。

创作这样一部作品是一个浩大的工程，除了参考《一件T恤的全球经济之旅》《棉花帝国：资本主义全球化的过去与未来》《中国棉史概述》等专业书籍外，其间搜集的资料包括且不止于历史、化工、纺织、服装、绘画等诸多方面。

从《货币战争》《西洋服装史》《遗失在西方的中国史：中国服饰与习俗图鉴》《两岸新编中国近代史》等著作中抽丝剥茧，将淹没在历史尘埃中的棉花痕迹一点一点清理出来；在《断头王后》《王室与巨贾：格雷欣爵士与都铎王朝的外债筹措》《童贞女王：伊丽莎白一世》《现代的历程》《世界科技全景百卷书》《诺贝尔传》等书中穿针引线，贯穿历史长卷中的蛛丝马迹，"织"成逐渐清晰的大纲；在丰富的网络资源和期刊中，查找一个个与棉相关的逸闻趣事，每一个跃动的灵魂，每一幅鲜活的画面，都带来一丝一缕不可或缺的创作灵感……

由于时间仓促，难免有诸多疏漏之处，欢迎读者批评指正。部分图片的作者难以查找，在此表示感谢，还望看到本书后，与我们联系，联系方式：tian.liu@winnermedical.com。

此外，要特别感谢全棉时代。作为深圳的一家企业，他们数年来对新疆的棉花种植、棉农故事的记录投入无私的纯公益性的援助，他们对棉花永不止息、充满感染力的热爱以及他们"全棉改变世界"的情怀，为本书的创作埋下了温暖的火种。

本书只是一个开始，相信未来会有更多、更好、更细致、更严谨、更有趣的专写棉花的书，"点燃"更多人心中对棉花的热爱。

棉 花 的 成 长